Flädla, Knöpfla, Bubaspitzla

Alte und neue Rezepte aus Großmutters Mehltruhe, gesammelt und aufgeschrieben von Siegfried Ruoß.

Idee und Text: Siegfried Ruoß
Illustrationen: W. Steiner
Gesamtherstellung: Ebner Ulm

1. Auflage
ISBN 3-924292-02-7

Inhaltsverzeichnis:

Vorwort

Schon auf der Entdeckungsreise nach alten Spätzlesrezepten für die "Schwäbische Spätzlesküche", die nun schon die 9. Auflage erreicht hat, wurde der Gedanke für das vorliegende Buch geboren. Denn ich wurde immer wieder überrascht, wieviel alte und originelle Rezepte in den schwäbischen Küchen noch in Gebrauch sind.
Besonders die sogenannte einfache Küche, also die Küche der Bauern, Handwerker, Soldaten etc., die ja jahrhundertelang in der Hauptsache aus Mehlspeisen bestand, entwickelte eine Vielzahl von Rezepten, die bis heute oft nur mündlich überliefert sind. Natürlich sind auch einige Rezepte dabei, die ich beim Stöbern in alten Kochbüchern entdeckte. Die Rezepte sind meistens für 4 Personen ausgelegt. Sollte es einmal kleine Abweichungen geben,

so beherzigen Sie den Spruch "Augenmaß und Handgewicht, ist des Koches erste Pflicht", und kleine Fehler schleichen sich beim Übersetzen alter Rezepte mit ihren ungewohnten Gewichtsangaben schon mal ein.
Sicher denkt der eine oder andere, "was, schon wieder ein Kochbuch" oder, "das Rezept ist mir zu einfach oder zu zeitraubend"; aber Essen und Trinken ist auch ein Stück Kulturgeschichte, und es wäre schade für jedes verlorengegangene Rezept – und sei es noch so einfach.
Besonders in unserer schnellebigen Zeit, mit ihren modischen Eßnormen, schätzen immer mehr Menschen die alte überlieferte Küche ihrer Eltern und Großeltern.
Natürlich kann das vorliegende Buch kein Verzeichnis aller schwäbischen Mehlspeisen vorweisen, zu groß ist die Vielfalt unserer Küche. Wir hoffen aber, die bekanntesten und beliebtesten Rezepte für Sie aufgespürt zu haben.

Doch nun sind Sie an der Reihe, ich wünsche Ihnen ein gutes Gelingen.
Zum Schluß möchte ich es nicht versäumen, noch allen, die direkt oder indirekt zum Gelingen dieses Buches beigetragen haben, herzlich Danke sagen.

Ulm, den 9.4.1986 Siegfried Ruoß

Etwas Kulturgeschichte um die Mehltruhe

Seit Jahrhunderten war die Mehltruhe das Herzstück der Küche. Wenn sie und die Schmalzhäfen gut gefüllt waren, kam man gut übers Jahr. Dazu noch Eier und Salz und das Glück war vollkommen. Angebaut wurde früher hauptsächlich Haber und Dinkel. Aus ihrem Mehl entstanden die ersten Knöpfla, Küchla, Müslein, Pfannakucha und Brotlaibe. Zum Süßen verwendete man Honig. Erst um 1573 entstand in Augsburg die erste Zuckersiederei, die eingeführten Rohrzucker verarbeitete, der aber aus Kostengründen lange Zeit nur wohlhabenden Bürgern zugänglich war.

Bis ins 19. Jahrhundert hinein lebte das einfache Volk sehr bescheiden. So berichtet ein Laichinger Pfarrer von der Alb um 1800: "Knötlein (Knöpfla) sind ihre Leckerbissen, ihr einziges Gemüse ist Sauerkraut, süße Milch mit Brot, dick gestampft, Brot

aus Dinkel, aber auch mit Roggen und Gerste vermischt, Kartoffeln gab es wenig." Ein gar karger Küchenzettel. Es ist kaum zu glauben, wie anspruchslos die Menschen damals lebten.
So sind in alten Akten immer wieder Klagen darüber zu finden, daß die Laichinger Männer so klein geraten sind, daß bei den Musterungen kaum junge Leute für den Militärdienst zu finden waren.
Fleisch war lange Zeit eine Seltenheit, und nur - wenn überhaupt - kam es an Sonntagen oder zu Festtagen auf den Tisch. Gerechterweise ist hier anzumerken, daß es von Landschaft zu Landschaft Unterschiede gab.
Als 1495 Kaiser Maximilian Schwaben zum Herzogtum erhob, war die Bestimmung enthalten, daß Herzog Eberhard und seine Nachkommen das Herzogtum mit allen Wildbännen besitzen und gebrauchen

sollte. Dies bedeutete, daß der Regent alleiniger Jagdherr war. An Wild herrschte zu dieser Zeit kein Mangel, im Gegenteil. Das Wild nahm in den kommenden Jahren so zu, daß es eine echte Gefahr für die Bauern wurde. So zählte 1569 das Uracher Forstamt einen Bestand von 518 jagdbaren Hirschen, im Jahre 1589 sogar 2000, geschätzt wurde das Doppelte. Der Schwarzwildbestand belief sich 1617 auf 571 Stück. Der Wildfraß war entsetzlich. Es kam zu Unruhen und Wildereien. Erst 1817 wurde die totale Ausrottung des Rotwilds angeordnet und der Großteil der Jagden verpachtet.
Da also Wild früher für den Küchenzettel nicht in Frage kam, war die Bevölkerung in der Hauptsache auf die Schweinezucht angewiesen, um Fleisch und das so kostbare Schmalz zu erhalten. Besonders auf der Alb, wo es früher ausgedehnte Eichenwälder gab, war der Sauhirt mit

seiner Schar anzutreffen.
In den Jahren 1816-17 herrschte eine schreckliche Hungersnot. Die Bevölkerung lernte das Getreide mehr denn je zu schätzen. Es herrschte eine solche Not, daß die ganz Armen während des Winters 1816-17 die Gänge und Verstecke der Mäuse ausgruben, um noch etwas Eßbares zu finden. Oft mit Erfolg. So ist überliefert, daß in Einzelfällen, an einen Tag, an die 40 Pfund Korn gefunden wurden. Sogar die reichen Bauern auf der Ulmer und Blaubeurer Alb mußten darben und scharrmaulen. Es war schrecklich, was alles als Nahrung herhalten mußte. So wurde Gras, Klee, Wurzeln, Brennesseln und Vogelbeeren als Gemüse zubereitet. Für die Streckung des Mehls, also zur Brot-Zubereitung, benutzte man Heublumen, Kleie, Rüben, Biertreber, gemahlenes Stroh, Baumrinde, Holzmehl sowie Queckenwurzeln. Besonders die Kinder

und Alten mußten darunter leiden. Das Totenläuten wollte kein Ende nehmen. Der erste Getreidewagen, der 1817 eingebracht wurde, "war festlich geschmückt, alle Glocken läuteten und jauchzender Dank und freudiges Lobsingen stieg in den Himmel".
Dies alles wollte ich nur kurz streifen, um es in unser Gedächtnis zurückzurufen und zu zeigen, wie schwer es unsere Vorfahren zum Teil hatten und wie wertvoll das tägliche Brot für sie war.
Heute dagegen gibt es bei uns Getreide in Hülle und Fülle. Es gibt sogar Überlegungen, den Getreideüberfluß zu Benzin zu verarbeiten. Ein schrecklicher Gedanke, wenn man überlegt, daß täglich in der Welt bis zu 40 000 Kinder an Hunger sterben. Leider ist das Getreide zu einem reinen Konsumartikel verkommen. Es wäre sicher nicht falsch, einmal darüber nachzudenken.

Das Mehl

Im allgemeinen wird heute in der Küche Weizenmehl vom Typ 405 verwertet. Die Bezeichnung "Typ 405" sagt aus, wieviel unverbrennbare Mineralstoffe bei der Veraschung des Mehls zurückbleiben. In Zahlen ausgedrückt: Bei dem Mehl Typ 405 bleiben bei der Veraschung von 100 g Mehl 0,405 g Asche zurück.

Das heißt aber auch, je mehr Kleie beim Mehlgang entfernt wird, je ärmer ist das Mehl später an Mineralstoffen, dafür aber um so weißer; leider aber nicht gesünder.

Bei der Herstellung nachfolgender Gerichte halte ich die Verwendung von Instantmehl für unsinnig, denn es ist wesentlich teurer. Und den Vorzug, daß es weder staubt noch klumpt, kann jeder mit etwas Geschick ausgleichen und das eingesparte Geld besser in guten Eiern und Bratfett anlegen.

Natürlich schwört jeder Schwabe auf sein eigenes Rezept und benützt z. B. beim Knöpfla- oder Spätzlakochen seine eigene Mehlmischung. So nimmt der eine Weizendunst, eine Mehlkörnung zwischen Gries und dem herkömmlichen Mehl als Zusatz, der andere gibt dem Mehl eine oder zwei Handvoll Gries bei, um so dem Teig eine festere Konsistenz zu geben. Wer besonders gelbe Knöpfla liebt, gibt seinem Teig einfach zwei bis drei Handvoll Maismehl bei. In letzter Zeit wird auch verstärkt, besonders bei jungen Leuten, Vollkornmehl verwendet.

Aber nicht immer wurde Weizenmehl so häufig verwendet wie heute. Früher wurde in der Hauptsache Dinkel bei uns angebaut, eine der ältesten Getreidesorten überhaupt. Der Dinkel war über Jahrhunderte die Brotfrucht der Schwaben und ist heute fast in Vergessenheit geraten. Dabei belegte er noch um das Jahr 1930 in Württemberg einen Anteil von 50% der Getreideanbaufläche. Auf Grund verstärkter Nachfrage stieg allerdings in den letzten Jahren wiederum die Anbaufläche für Dinkel. Hauptanbaugebiet ist die Gegend um Bad Mergentheim und Dinkelsbühl. Da der Dinkelanbau im wesentlichen auf das alemannische Siedlungsgebiet beschränkt blieb, wurde er auch als Schwabenkorn bezeichnet. Der Dinkel zeichnet sich besonders durch seine Anspruchslosigkeit aus. Ungünstige Lagen wie die Alb und neuerdings auch höhere Gegenden in der Schweiz eignen sich daher für den Anbau. Besonders bekanntgeworden ist der Dinkel bei uns durch die Grünkernerzeugung. Die Grünkernherstellung hat ihren Ursprung in früheren Jahrhunderten, als wetterbedingte Notsituationen die Bauern zwangen, den grünen, unreifen Dinkel von Hand zu ernten und auf Holzfeuern zu darren. Mit der Zeit wurde aus

der Not eine Tugend, denn es wurde erkannt, daß der Dinkel in diesem Zustand sehr nahrhaft ist und viel Eiweiß hat. Außerdem schätzen immer mehr Menschen den würzigen Geschmack des Grünkerns, der in Suppen und in vielen anderen Gerichten Verwendung findet.
Interessant ist noch eine Studie über den Nährwert von Pflanzennahrung (Körner).

So ernähren wir mit

Pflanzen z. B.	100	Pers.
auf Umwegen über das Rind und die Milch	30	Pers.
auf Umwegen über Hühner und Eier	12	Pers.
über das Schwein	8	Pers.

Im Durchschnitt essen wir Deutschen pro Jahr 100 kg Fleisch.
Auf Schwäbisch: Ma ka nirgends meh schpara als am Häs ond am Gfräs.
500 g Mehl kostet 1986 DM 1,69
Instantmehl DM 1,99.

Kleine Eierkunde

Wenn heute über das Ei gesprochen wird, meint man generell das Hühnerei. Obwohl die Masse unserer Eier, das sind immerhin ca. 90%, von den Legefabriken produziert werden, ist es noch nicht gelungen, daß die Hühner gleich große, also genormte Eier legen. Deswegen wurden die Eier, wie folgt, in verschiedene Handelsklassen eingeteilt.

S - 65 g und darüber
A - 60 g bis unter 65 g
B - 55 g bis unter 60 g
C - 50 g bis unter 55 g
D - 45 g bis unter 50 g

Der Geschmack der Eier hängt im wesentlichen von der Ernährung der Hühner und dem Alter der Eier ab.
Das Alter der Eier erkennen Sie am besten, indem Sie diese in eine 12 %ige Kochsalzlösung legen. Die frischen Eier sinken auf den Boden, die älteren schwimmen an der Oberfläche.

Einfacher ist es, die Eier zu schütteln. Wenn Sie ein schwappendes Geräusch hören, ist es ein älteres Ei. Eier sollten grundsätzlich kühl und geruchsfrei gelagert werden.
Nach den Israelis sind wir die größten Eierliebhaber der Welt. Eine Person verzehrt im Jahr durchschnittlich 280 Eier. Das sind zusammengerechnet fast 18 Milliarden Stück. Nicht mitgerechnet ist dabei das Trockenei und die zigtausend Tonnen des so berühmt-berüchtigten Flüssigei.
Allein 6 000 Legehennenbetriebe sorgen mit ihren gut 60 Milliarden Hühnern für Nachschub. Zusätzlich werden noch 4,7 Milliarden Eier im Ausland aufgekauft.
Mit der Reinheit unserer Eier ist das so eine Sache für sich. So wurden bei Routineuntersuchungen immer wieder Rückstände von Tiermedizin gefunden. Hauptsächlich handelt es sich um Mittel gegen Hühnerseuchen und Wurmkrankheiten.

Auch der Eidotter ist nicht immer "das Gelbe vom Ei". Denn der Hühnerhalter hat heute die Möglichkeit, fabrikmäßig hergestellte Farbstoffe – "Carotinoide" – dem Hühnerfutter beizumengen, um so dem Eidotter die gewünschte Farbtönung zu geben. Dabei stehen ihm 8 – 15 Farbtöne zur Verfügung.
Vielleicht gelingt es in naher Zukunft sogar, gefärbte Eier in allen Schattierungen zu produzieren. Also das "natürlich" eingefärbte Frischei, frisch auf den Tisch in deutschen Landen. Toll oder?
Wem das alles nicht gefällt, dem empfehlen wir, seine Eier direkt beim Bauern oder auf dem Wochenmarkt zu kaufen.
Dabei ist es noch gar nicht so lange her, daß die Eier im Winter Mangelware waren. Sicher erinnert sich der eine oder andere noch daran, wie die Eier für den Winter in Steinguthäfen in einer Kalkbrühe oder im

Wasserglas eingelegt wurden. Sie wurden dann hauptsächlich zum Backen und Kochen verwendet.

1 Ei Typ A 4 kostet 1986 DM 0,17
dasselbe Ei von freilaufenden Hühnern DM 0,35.

frische Schupfnudla

Mei Schwiegermuader, des Schendluader
macht d'Krautnudla nemma guat,
wenn se schterba däd ond i erba däd
wärad Krautnudla wieder guat.

Selber schupfa,
selber kocha,
selber essa,
des hoeßt mr hausgemacht!

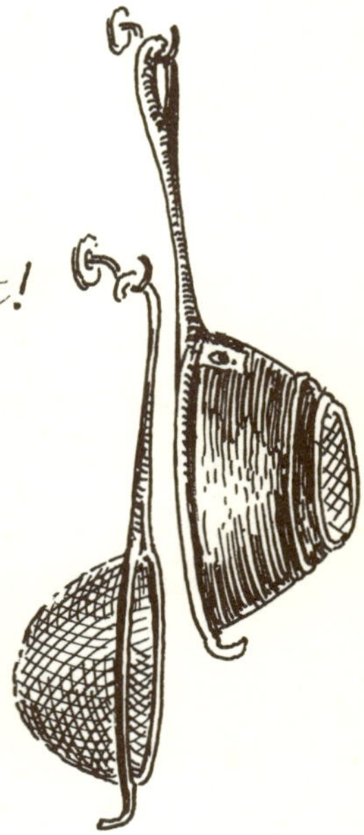

Von Bubaspitzla und Bautza

Die Schupfnudla, die gerne auch als Bubaspitzla, Wargala, Schupfwärgel, Wargelnudla, Bauchstecher, Bauchstupferla oder Ranzastecher bezeichnet werden, sind aus ihrem Dornröschenschlaf wieder erweckt worden und genießen heute wieder hohes Ansehen als schwäbische Spezialität. Es gibt kaum noch eine Dorfhockate oder Stadtfest, wo die Schupfnudeln nicht den Gaumen der Gäste erfreuen.
Die Schupfnudel darf wohl mit Recht als "die Urnudel" bezeichnet werden, denn die ersten Nudeln wurden mit Sicherheit in Handarbeit hergestellt. So ist es auch zu verstehen, daß sie bei Beginn des Maschinenzeitalters langsam in der Versenkung verschwand. Erst als Großmutters Küche im Zuge der Nostalgiewelle wieder entdeckt wurde und unser Bedarf an Hamburgern im Soft-

brötchen mit Ketchup erst mal gedeckt war, besannen sich wieder viele auf unsere so originelle schwäbische Küche.
Die Schupfnudeln sind dafür ein typisches Beispiel. Wobei noch zu sagen ist, daß die Originalschupfnudeln früher nur mit Mehl, Wasser und Salz hergestellt wurden. Erst im 18. Jahrhundert, als die Kartoffeln langsam bei uns heimisch wurden, mischte man noch zerdrückte Kartoffeln in den Teig. Vielerorts werden dem Teig noch Eier beigemengt. Früher hätte uns deswegen die Obrigkeit sicher der Völlerei bezichtigt.
Aber so ändern sich die Zeiten und auch die Rezepte. Gott sei Dank übrigens, denn nicht umsonst hießen die Schupfnudeln früher Ranzastecher oder Bauchstupferle, denn die karge Zubereitung war nicht jedermann bekömmlich.
In Söflingen, heute ein Vorort von Ulm, wird jedes Jahr im September der "Bautza-Herbst" gefeiert. Den Spottnamen "Bautza" gaben ihnen

die Städter, weil die damals armen Bauern sich in der Hauptsache von diesen Bautzen ernährten. Eine der Schupfnudel ähnliche Mehlspeise; aber doch ein wenig anders. Das Selbstwertgefühl der Söflinger hat deswegen aber nie darunter gelitten, im Gegenteil.

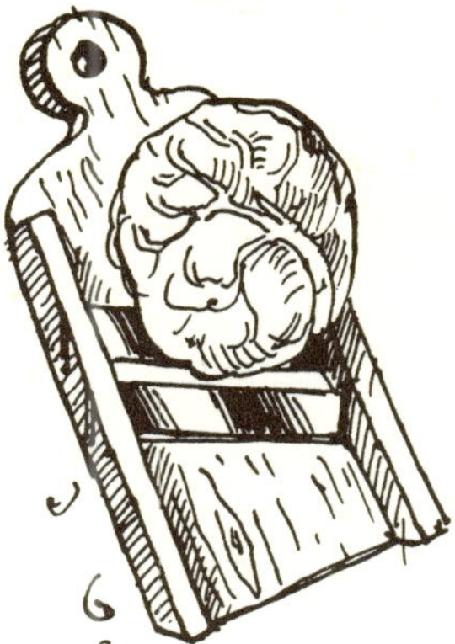

Schupfnudla-Bubaspitzla

500 g Mehl, Salz, 350 g Wasser.

Das Mehl und Salz mit dem Wasser zu einem Teig vermengen. Daraus werden fingerdicke 4 – 6 cm lange Nudeln "geschupft". Die Hände werden dabei gemehlt und die Teigstückchen zwischen den Händen hin- und hergerollt, bis sie die richtige Form haben, also an beiden Enden dünn und in der Mitte dicker sind. Die Schupfnudeln 1 Std. ruhen lassen und in Salzwasser ca. 5 Min. abkochen.

Gut abtropfen lassen und in Schmalz auf beiden Seiten rösch anbraten.

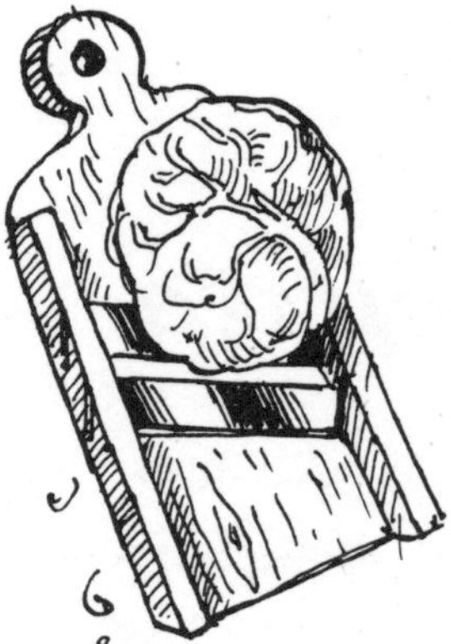

Schupfnudla mit Kraut

(Schupfnudla herstellen. Siehe Grundrezept.)

Die Schupfnudeln im Schmalz zusammen mit aufgelockertem Sauerkraut anbraten bis es eine bräunliche Farbe angenommen hat. Wer will kann auch noch Speck oder Hartwurstwürfel mitanbraten.

Schupfnudla mit Kartoffeln

500 g Mehl, 500 g Kartoffeln, Salz, Muskat, 2 Eier.

Die Kartoffeln am besten einen Tag zuvor abkochen. Dann schälen und durchdrücken. Mit dem Mehl, den Eiern und den Gewürzen gut vermengen. Den Teig ca. 20 Min. ruhen lassen. Die Hände ins Mehl tauchen, fingerlange und dicke, an beiden Enden spitz zulaufende Nudeln formen – schupfen –. Danach ins kochende Wasser geben. Wenn sie an der Oberfläche schwimmen, noch einige Minuten ziehen lassen. Abschütten und in Schmalz anbraten.

Quarkspatza

500 g Quark, 3 - 4 Eier, Salz, etwas Mehl, je nach Feuchtigkeit, Speck und Zwiebelwürfel, Schmalz.

Den Quark, Eier, Salz und Mehl zu einem festen Teig vermengen und schlagen, bis er Blasen wirft. Mit einem Löffel "Spatzen" herausstechen und ins kochende Salzwasser legen. Nachdem sie an die Oberfläche gestiegen sind, noch ca. 5 - 10 Min. ziehen lassen. Gut abseihen, in eine vorgewärmte Schüssel geben und mit den angeschwitzten Speck- und Zwiebelwürfeln abschmelzen.

Dazu gibt es Sauerkraut.

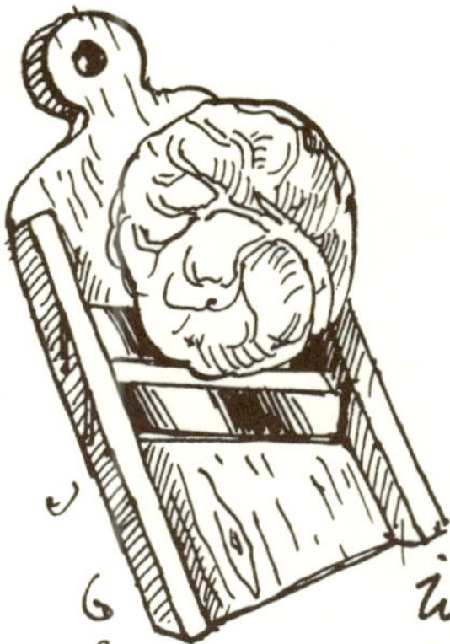

Herdspatza

400 g Mehl, 8 Eier, 1/4 l Wasser, Salz, 1/4 l Milch, Schmalz.

Das Mehl mit 4 Eiern, Salz und dem Wasser zu einem festen Teig vermengen und schlagen, bis er Blasen wirft. Ca. 10 Min. ruhen lassen. Dann den Teig in kochendes Wasser schaben oder drücken. Aufkochen lassen, die Spatza herausnehmen und mit Wasser abschwenken.

Die Spatzen in eine gut gefettete hohe Pfanne geben. Die Milch mit den restlichen 4 Eiern verkleppern, salzen und über die Spatzen leeren, daß sie gerade bedeckt sind. Auf kleiner Flamme, früher am Herdrand, stocken lassen, bis sich eine schöne Kruste gebildet hat.

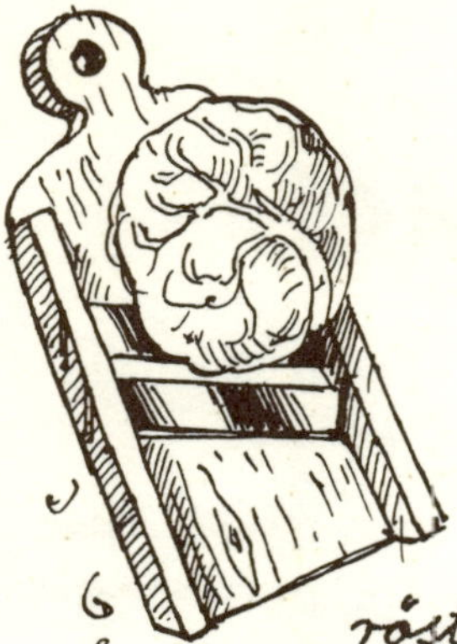

Brühte Spatza

300 g Mehl, 3 – 4 Eier, 1/4 l heißes Wasser, Salz, auf Wunsch 2 – 3 Handvoll leicht angeröstete Brotwürfel, Speck oder Schinkenwürfel, auch Bratenreste. Ist ein typisches Resteessen.

Das Mehl, Salz, die Brot- und Speckwürfel, fein geschnittene Petersilie mit dem heißen Wasser übergießen und mit einem Kochlöffel zu einem festen Teig vermengen, dann nach und nach die Eier untermengen und ca. 10 Min. ruhen lassen.

Mit einem Löffel kleine Stücke herausstechen und in kochendes

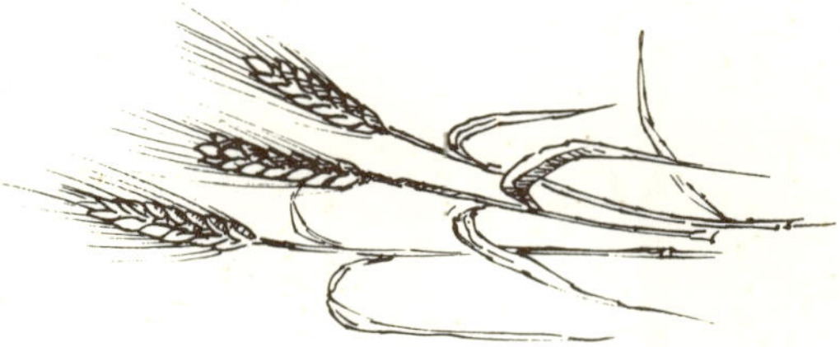

Salzwasser legen. Wenn sie an die Oberfläche kommen, noch ca. 3 - 5 Min. ziehen lassen.

In einer kräftigen Brühe servieren. Dazu gibt es Kartoffelsalat. Sie können die Spatzen auch direkt auf dem Kartoffelsalat servieren und noch mit angedämpften Zwiebeln abschmelzen.

Pflutten-Flutten

400 g Mehl, Wasser, Schmalz, Salz.

In das kochende, gesalzene Wasser wird unter stetigem Rühren, man benützt dazu eine Gabel, das Mehl nach und nach eingerührt.
Die entstehenden Teigflocken gut abseihen und im heißen Fett anrösten.

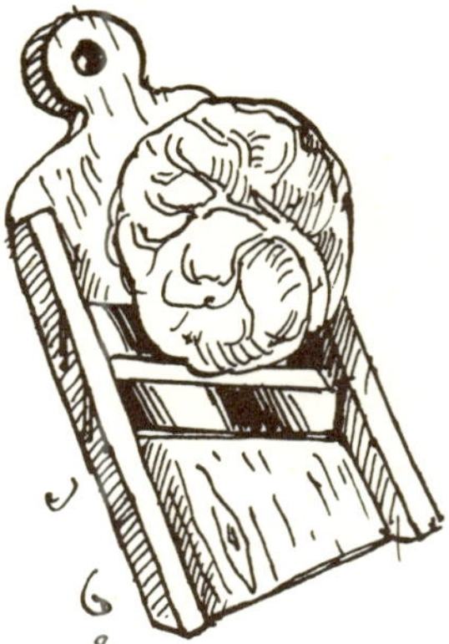

Krautbautza

500 g Sauerkraut, 350 g Mehl, Salz und Pfeffer, 80 g Schmalz.

Das Sauerkraut feinhacken und mit dem Mehl und den Gewürzen gut vermengen. Davon werden fingerdicke 4 – 6 cm lange Nudeln geformt. Die Hände dabei immer gut einmehlen. Die Nudeln auf dem gemehlten Brett ca. 1 Std. ruhen lassen. Danach 15 – 20 Min. lang abkochen. Abgießen und gut abtropfen lassen. In einer Pfanne mit Schmalz goldgelb anbraten.

Bruckhölzer

500 g Mehl, 500 g Kartoffeln, am besten eine mehlige Sorte, 2 - 3 Eier, Salz, Muskat.

Die geschälten Kartoffeln kochen und durchdrücken. Das Mehl und die Eier mit den abgekühlten Kartoffeln und den Gewürzen zu einem Teig vermengen. Den Teig kräftig schlagen, bis er sich von der Schüssel löst; ca. 10 Min. ruhen lassen.
Danach den Teig zu fingerdicken langen Würstchen ausrollen. Diese gitterartig in einer gefetteten Kasserolle oder Pfanne übereinanderlegen. Mit kalter Milch

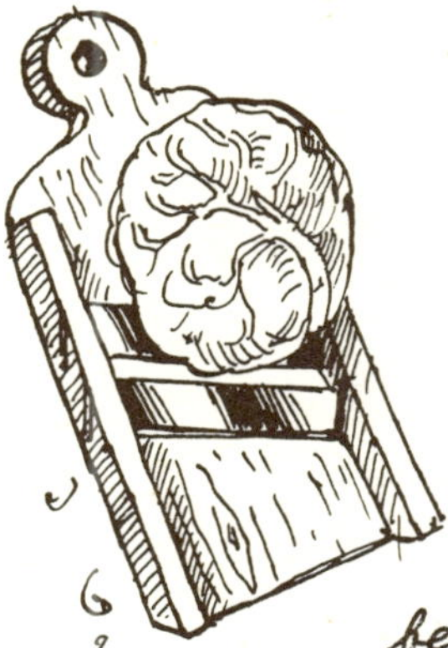

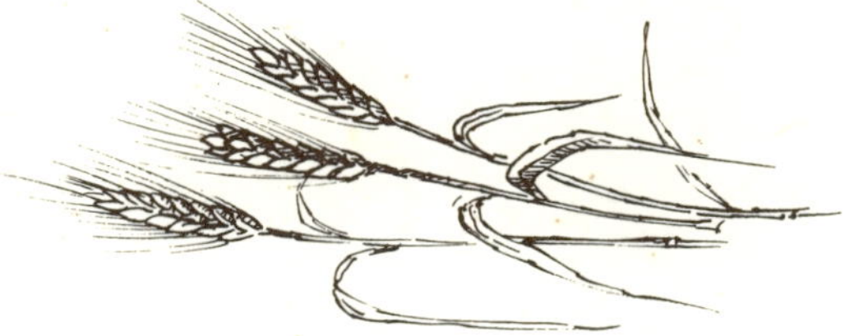

begießen, daß sie gerade
bedeckt sind.
Die Pfanne gut schütteln,
daß sich die Milch richtig
verteilt. Im Ofen bei 200 Grad
backen, bis die Milch verdampft ist
und sich eine Kruste gebildet
hat.

Griebaschnecka

500 g Mehl, 500 g mehlige Kartoffeln, 2 - 3 Eier, Salz, Muskat, Grieben und Schweine-schmalz.

Die geschälten Kartoffeln kochen und warm durchdrücken. Abkühlen lassen und mit dem Mehl, Eier und Gewürzen gut vermengen und kräftig schlagen, bis der Teig sich gut von der Schüssel löst. Den Teig ca. 10 Min. ruhen lassen. Danach den Teig dünn ausrollen, mit dem erhitzten Schmalz bestreichen und den erhitzten Grieben bestreuen, anschließend leicht salzen. Dann rollen wie eine

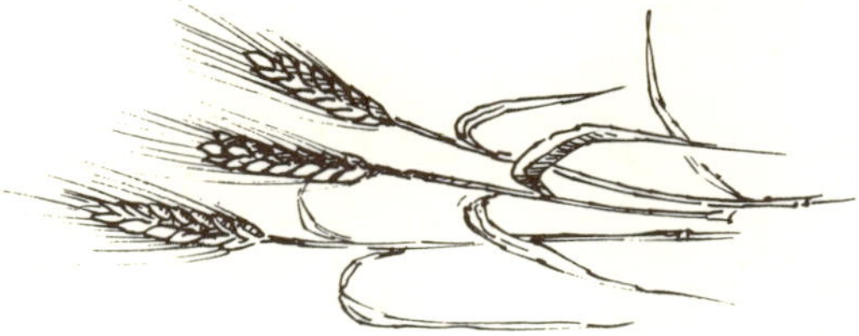

Biskuitrolle und 4 - 5 cm dicke Scheiben abschneiden. Diese hochkant in eine gefettete Kasserolle oder hohe Pfanne setzen und so mit kalter Milch aufgießen, daß sie gerade bedeckt sind. Gut rütteln, daß die Milch richtig verteilt wird. Im Ofen bei 200 Grad backen, bis die Milch verdampft ist und sich eine Kruste gebildet hat.
Dazu reicht man Sauerkraut.

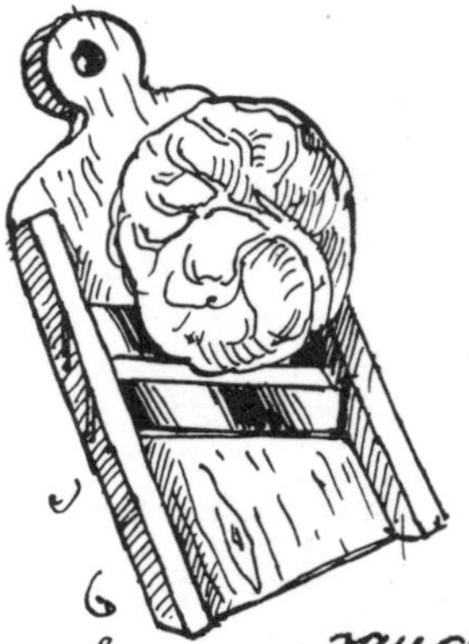

Krautkrapfa

Für 4 Personen einen Nudelteig zubereiten. Siehe unter Nudeln.
1 kg Sauerkraut oder frisches Kraut, 100 - 200 g Speck oder geräuchte Wurst, 1 große Zwiebel, 1-2 Eßl. Schmalz, Salz und Pfeffer.

Das Sauerkraut etwas zerkleinern, mit dem Speck oder Wurstwürfel und den Zwiebeln dünsten und abschmecken. Die Füllung auf den ausgewellten Nudelteig geben, rollen wie bei einer Biskuitrolle und 3 - 4 cm dicke Scheiben abschneiden. Die Scheiben aufrecht in eine gefettete Kasserolle oder Pfanne setzen und gut halbhoch

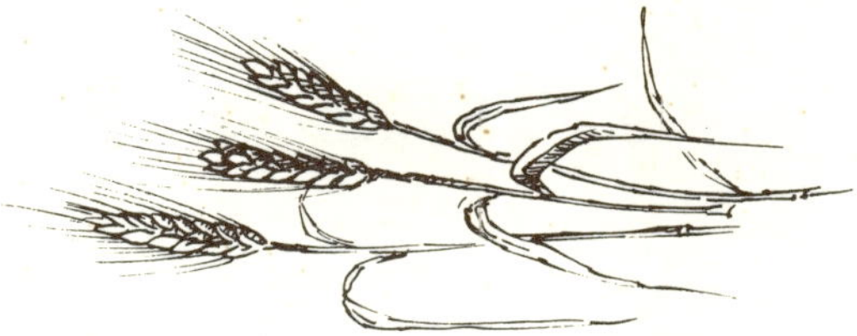

mit Wasser oder Kraftbrühe auffüllen. Aufkochen und zugedeckt ca. 1/2 Std. schmoren lassen. Wenn das Wasser verdampft ist und die Krapfen unten schön rösch sind, werden sie vor dem Servieren mit gedämpften Zwiebeln abgeschmelzt.

Grüne Krapfa

Einen Nudelteig zubereiten. Siehe unter Nudeln.
Zwiebelröhrle, 2 Zwiebeln und sonstiges Grünzeug. Oder Sie nehmen frischen Spinat, eventuell mit einem Teil Brennesseln vermischt.

Das Grünzeug fein schneiden und mit den Zwiebeln und Speckwürfeln anbraten und mit Salz, Pfeffer würzen. Den Nudelteig auswellen und mit der Füllung bestreichen. Rollen wie bei einer Biskuitrolle und daumendicke Scheiben abschneiden.
Die Scheiben werden aufrecht in eine gefettete Kasserolle oder Pfanne gestellt und ca. halb-

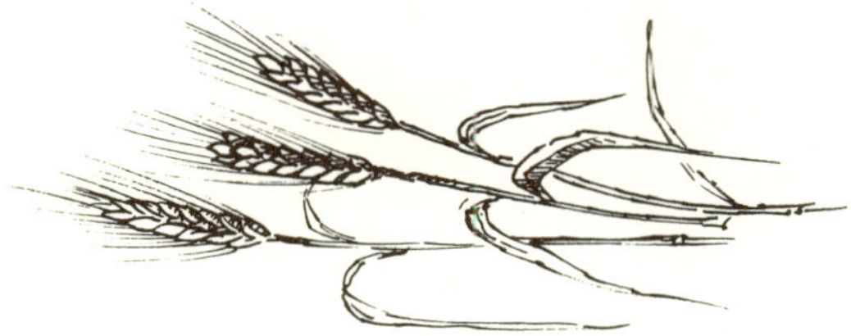

hoch mit Wasser, Kraftbrühe oder einer ungebundenen braunen Soße aufgefüllt. Aufkochen lassen, zudecken und auf kleiner Flamme etwa eine halbe Stunde schmoren, bis sich eine schöne Kruste gebildet hat.

Dazu ißt man bei uns Kartoffelsalat.

Bauraseggala – Kartoffelnudla

500 g Kartoffeln, 500 g Mehl, 40 g Hefe, 2 – 3 Eier, 1 Tasse Milch, 1 Eßl. Salz, 70 g Butter.

Das Mehl in eine Schüssel geben, eine kleine Vertiefung (Kuhle) in das Mehl drücken und mit der Hefe und lauwarmer Milch einen Vorteig anrühren und ca. 10 Minuten gehen lassen. Dann die abgekochten und durchgedrückten Kartoffeln, Salz, die weiche Butter und die Eier dazugeben. Alles gut vermengen und nochmals an einem warmen Platz gehen lassen. Danach auf einem gemehlten Nudelbrett

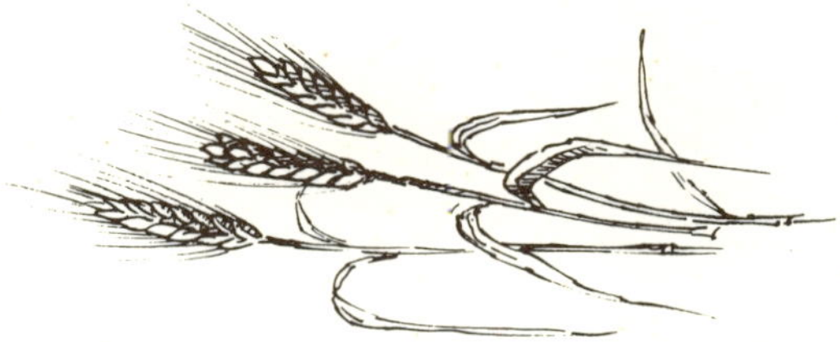

fingerlange und dicke Nudeln formen. Mit einem Tuch zudecken und nochmals kurz gehen lassen.
Die Nudeln anschließend in schwimmendem Fett hellbraun herausbacken. Sie sind als Beilage zu Gemüse genauso beliebt wie als Süßspeise.

Was gibt's heit?
Knöpfla, Kraut ond Floisch,
Wonderfitz, jetz woisch's.

A rechts Weib ond a Knöpfle
standad von alloi wieder auf.

Mit oglegte Oier
isch schlecht Knöpfla macha.

D' Knöpfla onds Glück
machad Baura dick.

D' Liab druckt's Herz
d' Knöpfla da Maga.

Knöpfla

Wer einmal die Gelegenheit hat, in einem alten Kochbuch zu stöbern, wird erstaunt sein über die Vielfalt der Knöpflesrezepte, die früher in Württemberg aufgetischt wurden. Wobei die Knöpfla hauptsächlich den Hunger der einfachen Leute, wie die der Bauern, Handwerker, Soldaten etc. stillte.
"Für die Herrschaften ist das nichts, höchstens gut genug für das Gesinde", lautete damals die Parole. Somit ist auch zu verstehen, daß die Nachfahren der Knöpfla, unsere so heißgeliebten Spätzle, so lange brauchten, um bei Regierungsessen hoffähig zu werden.
Wie die Knöpfla entstanden sind, weiß niemand genau zu sagen. Sicher hat irgendwann, irgend jemand einen mit Wasser und Mehl vermischten Teig ins kochende Wasser geworfen und somit die Knöpfla ins Leben gerufen. Erst viel später, im Mittel-

alter, als die Löffel in Mode kamen, wurden die Knöpfla damit ausgestochen. Der "Knepflenlöffel", wie er früher hieß, war ein fester Bestandteil jeder schwäbischen Küche, wie uns alte Inventarlisten beweisen.
Bei der Mehrzahl der Bevölkerung bestand früher die tägliche Mahlzeit aus Knöpfla in mannigfacher Zubereitung, die meistens in der Brühe oder mit Kraut verspeist wurden.
Dabei gehört zur Zubereitung der "Knötlein" (Knöpfla) eine gewisse Übung, den Teig so herzustellen, wie er sein muß. Die Knöpfla dürfen auf jeden Fall nicht zu fest werden und müssen beim Kochen zur Oberfläche steigen. Die Knöpfla eigneten sich und eignen sich auch heute noch als gute Resteverwerter. So können in dem Teig fast alle Reste verwertet werden.
Das hat sicher dazu geführt, manch neues Gericht zu kreieren. So wurde früher auf der Alb geräuchtes Rind-

fleisch, bedingt durch eine gewollte oder ungewollte Notschlachtung, faserdünn gehackt und unter die Knöpfla gemischt und in einer Rauchfleischbrühe gekocht, oder wer hatte, in Schmalz angebraten. Am Sonntag wurde, wie aus Mehrstetten bekannt ist, auch ein ganzes halbes Ei in den Teig getan. Mehr galt als aushausig.

Heutzutage kennen die meisten die Knöpfla hauptsächlich als eine den Spätzle verwandte Zubereitungsart. Die alten Rezepte sind fast alle in Vergessenheit geraten. Ab und zu finden wir sie vereinzelt als Suppenbeilage angewandt. Dabei haben sie eine so große Vergangenheit.

Knöpfla

400 g Mehl, 4 Eier, 1 Eßl. Salz, 1/4 l Wasser.

Die Zutaten gut vermengen und den Teig schlagen, bis er sich von der Schüssel löst und Blasen wirft. Der Teig sollte nicht zu fest sein, dann läßt er sich besser verarbeiten.

Nachdem der Teig etwas geruht hat, wird er mit dem Knöpflesschieber, einem Rettichhobel ähnlichen Gerät, in das kochende Salzwasser gegeben. Sobald die Knöpfla an der Oberfläche schwimmen, herausnehmen und mit warmem Wasser abschwenken.

In Butter oder Schmalz anrösten.

Gewöhnliche Mehlknöpfla

500 g Mehl, 3 alte Semmeln,
1 Zwiebel, 1/4 l Wasser, Salz.

Das Mehl mit dem Wasser und Salz zu einem festen Teig verarbeiten. Die Zwiebel und Semmeln in Würfel schneiden und dem Teig beimengen. Mit einem Löffel oder einer Schöpfkelle große Knöpfla ausstechen und im siedenden Wasser ca. 25 Min. ziehen lassen. Den Topf zudecken. Vor dem Servieren in der Mitte mit der Gabel aufreißen und mit angedämpften

Zwiebeln abschmelzen.
Bemerkung: Da früher beim gewöhnlichen Bürger kaum Eier vorrätig waren, wurden die Knöpfla wie oben genannt zubereitet. Meist wurde der Teig mit heißem Wasser angemacht. Noch besser werden die Knöpfla, wenn Sie 3 - 4 Eier dazugeben.

Hefeknöpfla

500 g Mehl, 30 g Hefe, 1/4 l Milch, 1 Ei, 80 g Butter, Salz, Zucker, Semmelbrösel.

Das Mehl in eine Schüssel geben und eine kleine Vertiefung machen, mit der zerkleinerten Hefe, 5 Eßl. lauwarmer Milch, 2 Eßl. Mehl, 1 Prise Zucker einen Vorteig anrühren und ca. 10 Min. ruhen lassen. Dann die restliche Milch, das Mehl, Ei, Salz und die 50 g weiche Butter zusammen mit dem Vorteig gut vermengen.
Mit einem Tuch zudecken und 15 Min. ruhen lassen.

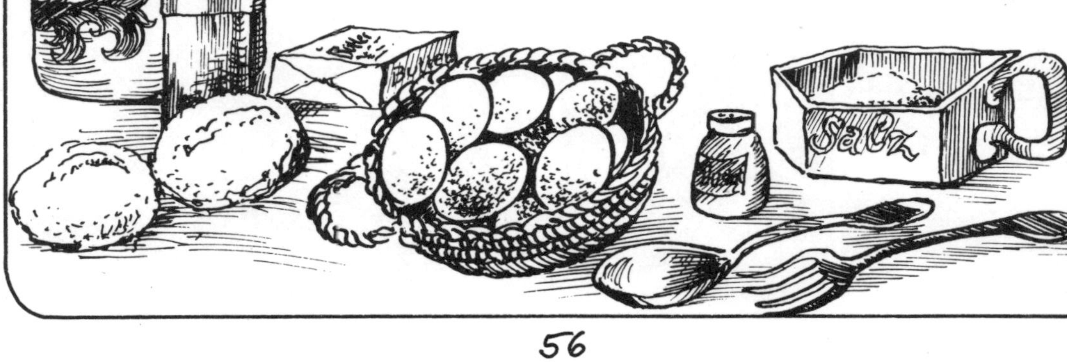

Anschließend ca. 20 Knöpfla formen und nochmals kurz gehen lassen. In siedendes Salzwasser geben, den Topf zudecken und ca. 20 Min. garziehen lassen. Vor dem Servieren mit der Gabel in der Mitte aufreißen und mit in Butter gebräunten Semmelbröseln abschmelzen.

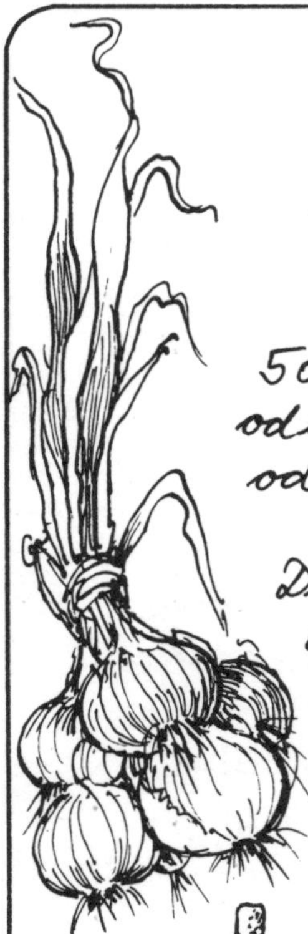

Fleischknöpfla

500 g Brät, 2 Eier, 1/8 - 1/4 l Milch oder Sahne, Salz, Muskat, 3 Semmeln oder gleiche Menge Semmelbrösel.

Die Semmeln in lauwarmem Wasser einweichen, etwas ziehen lassen, ausdrücken und zerkleinern. Mit dem Brät, Eiern, Gewürzen, der Milch zu einem Teig vermengen und etwas ruhen lassen. Mit einem Löffel Knöpfla ausstechen und im siedenden Wasser ziehen lassen.

Speckknöpfla

Ca. 6 Semmeln, 2 Eier, 100 g Speck
1 Zwiebel, etwas Petersilie, Salz, Muskat,
50 g Butter. Mehl nach Bedarf zum Abbinden.

Die Semmeln in lauwarmer Milch oder Wasser einweichen, nicht zu weich, und ausdrücken. Den zerkleinerten Speck mit der feingeschnittenen Zwiebel und Petersilie andünsten, abkühlen lassen, und mit den Eiern, Gewürzen, den ausgedrückten Semmeln beimengen und gut verarbeiten. Den Teig etwa ½ Std. ruhen lassen. Mit einem Löffel beliebig große Knöpfla ausstechen und ins siedende Wasser geben. Vor dem Anrichten mit angerösteten Semmelbröseln abschmelzen.
Dazu reicht man Sauerkraut.

Braune Knöpfla

4 - 6 alte Semmeln, 65 g Butter, 2 Eier, Salz. Mehl zum Abbinden.

Die alten Semmeln reiben und anrösten bis sie schön braun sind. Mit lauwarmem Wasser einweichen. Die Butter schaumig rühren und zusammen mit den Eiern gut vermengen, würzen und mit den Semmelbröseln zu einem festen Teig verarbeiten. Ca. 15 Min. ruhen lassen und danach mit einem Löffel Knöpfla ausstechen und ins siedende Salzwasser oder Kraftbrühe legen. Ca. 15 Min. ziehen lassen.

Griesknöpfla

60 g Butter, 3 Eier, Gries je nach Bedarf, Salz, Muskat.

Die Butter schaumig rühren, die Eier dazugeben, würzen, dann so viel Gries beimengen, daß der Teig noch fast läuft. Den Teig 1/4 Std. ruhen lassen. Danach einen Probeknopf ins siedende Salzwasser geben, sollte er zergehen, noch Gries in den Teig geben. Die Griesknöpfla mit einem Löffel ins siedende Wasser oder Kraftbrühe geben und ca. 15 Min. ziehen lassen.

Hirnknöpfla

1/2 Kalbshirn, 40 g Butter, 2 Eßl. Mehl, 1 Eßl. Semmelbrösel, 2 Eier, 3 Eßl. Milch, Salz, Muskat.

Das Hirn gut waschen und enthäuten. Die Butter schaumig rühren und mit dem zerkleinerten Hirn vermengen. Dann das Mehl und die Semmelbrösel dazugeben und gut verarbeiten. Den Teig etwas ruhen lassen. Löffelweise Knöpfla ausstechen und ins siedende Salzwasser legen. Man kann sie auch in Butter backen.

Markknöpfla

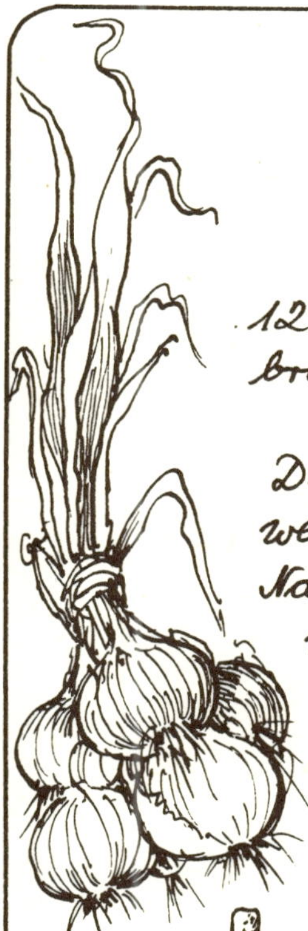

125 g Rindermark, 2 Eier, Semmelbrösel nach Bedarf, Salz und Muskat.

Das Rindermark in warmer Umgebung weichen lassen und gut verrühren. Nach und nach die Eier unterrühren, würzen und die nötige Menge Semmelbrösel unterrühren. Den Teig ruhen lassen. Einen Probekloß ins siedende Wasser legen. Bei Bedarf dem Teig noch Semmelbrösel beigeben. Den restlichen Teig löffelweise ins siedende Salzwasser geben und ca. 10 – 15 Min. ziehen lassen.

Semmelknöpfla

30 g Butter, 2 Eier, Semmelbrösel nach Bedarf, Salz und Muskat.

Zwei Eier schaumig schlagen, die zerlassene Butter unterrühren, würzen und die erforderliche Menge Semmelbrösel untermengen und zu einem nicht zu festen Teig verarbeiten. Den Teig 1/2 Std. ruhen lassen. Mit einem Löffel kleine Knöpfla ausstechen und im siedenden Salzwasser ziehen lassen. Es ist ratsam, zuerst ein Probeknöpfle zu machen. Wenn es nicht hält, noch etwas Semmelbrösel beigeben.

Gewöhnliche Butterknöpfla

125 g Butter, 1 - 2 Eier je nach Größe, Salz, Muskat, halb Semmel-, halb Weißmehl.

Die Butter schaumig rühren, das Ei und die Gewürze beimengen. Dann so viel Semmel- und Weißmehl darunter rühren, daß es einen nicht zu festen Teig gibt. Den Teig ca. 1/2 Std. ruhen lassen, dann wird der Teig lockerer. Steche nun mit einem Löffel Knöpflein ab und lege sie in siedendes Salzwasser. 5 - 10 Min. ziehen lassen.

Grüne Knöpfla

4 – 6 Semmeln, ca. 150 g Spinat, 30 g Butter, 2 Eier, Mehl zum Abbinden. Statt Spinat geht auch ein Kräutergemisch. Salz und Muskat.

Die Semmeln zerkleinern und in lauwarmem Wasser einweichen. Nachdem sie durchgezogen sind, aber nicht zu weich, die Semmeln ausdrücken. Den Spinat weich brühen, ausdrücken und fein schneiden. Die weichgerührte Butter mit den Eiern und den Gewürzen beigeben und alles zusammen zu einem Teig vermengen. Mit einem Löffel Knöpflein ausstechen und im siedenden Salzwasser ziehen lassen.

Pfannakuacha

Wia brozzled en dr Kuche dussa,
dr Toig doch en dr Pfann,
i schmegg's bis in mei Stuba rei:
des miaßed Pfannakuacha sei.

Uff dia, do haune heit a Gluscht,
dia grodet hald meim Weib,
mit Gsälz ond Äpfelmuas drbei:
do lang e wia a Drescher nei.

Au de Oier no ed schbara,
a Pfannkuach, der muaß knuschbrig sei,
denn en Meahlbäbb – möcht e saga:
des vertraid ed jeder Maga.

Ond will mr 'mol negs süaß drzua,
no isch des ao ed schlemm,
en Schlag Kartoffel als Salat:
bekommt doch jedem Schwobamag.

Ond obneds geit's en Oierhaber,
vom Pfannakuachadoig,
des isch em Schwobaland so Sitt':
do druff en guada Abbedit.

Erwin Haas

Von Flädla bis Eierhaber

Die Flädla sind aus der schwäbischen Küche nicht mehr wegzudenken. Was wäre ein echt schwäbisches Essen ohne die schon traditionelle Flädlessuppe. Die Flädla selbst sind hauchdünn herausgebackene Pfannkuchen, die auch gerne zu Spargel oder Fleisch gegessen werden. Beim Zubereiten ist darauf zu achten, daß nicht zu viel Fett in der Pfanne ist, je weniger, desto besser. Am besten ist es, die Pfanne mit einem Butterpinsel, oder wer hat, mit einer Speckschwarte auszureiben. Beliebt ist auch, dem Flädlesteig gehackte Kräuter beizumengen. Natürlich sind die Flädla keine rein schwäbische Erfindung. Sie sind in fast allen Ländern der Erde unter anderem Namen und Zubereitungsart zu finden. So behaupten auch Historiker, daß die Pfannkuchen und ihre Verwandten zu den ältesten Speisen

der Welt gehören.
Bei uns in Süddeutschland sind sie unter dem Namen "Flädla", mit einem etwas dickeren Teig als Pfannakuacha, im Norden als Eierkuchen bekannt. In England als "pancakes", in Schweden als "Plättor", in Holland als "Flensjes" oder "Pannekoecken", in Frankreich die "Crêpes" oder "Galettes", in der Schweiz als "Omelette", wobei zu richtigen Omelettes nie Mehl verwendet wird, in Spanien die "Tortillas", die mit angerösteten Kartoffeln, Zwiebeln und Knoblauch vermischt sind. In Österreich feiert der "Palatschinken" Triumphe. Sie sind kleiner und feiner als unsere Pfannkuchen und werden gerne mit Quark, Nüssen und warmer Schokolade gefüllt.
In Rußland gibt es die "Blim", das sind untertassengroße Küchlein aus Buchweizenmehl, die gerne mit Kaviar und saurer Sahne serviert werden. In Mexiko die "Tacos". Das

sind Pfannkuchen aus Maismehl zubereitet, die mit würziger Avocado- oder Paprikafüllung gegessen werden.

Aus Asien kennen wir die Frühlingsrolle, die aus Reismehl zubereitet und mit kurz angebratenem Gemüse, Fleisch oder Geflügelstückchen gefüllt wird. Ein sehr guter Tip ist übrigens, den Teig statt mit Milch mit Bier oder bei "Crêpes" mit Cidre anzumachen.

Lieben Sie ihre Pfannkuchen besonders luftig, so empfehle ich Ihnen, Eischnee oder etwas Backpulver unter den Teig zu mischen. Ein beliebter Verwandter der großen Pfannkuchenfamilie ist der Eierhaber oder auch "Durananant", "Kratzade" oder wie in Österreich einfach Schmarrn genannt.

Ein schnelles und nahrhaftes Essen, das gerne in den Bergen auf Hütten angeboten wird. Man ißt ihn dann zusammen direkt aus der Pfanne. In fröhlicher Runde, eine Riesengaude.

Legen Sie doch zu Hause mal einen Hüttenabend ein und spielen Sie die Hüttenwirtin. Ein kräftiges Holdrijodihü ist Ihnen dann sicher.

Flädla

2 - 3 Eier, 150 g Mehl, 1/4 l Milch, 1 gute Prise Salz, etwas Butter zum Braten.

Das Mehl und das Salz in eine Schüssel geben, nach und nach die Milch und die Eier einrühren. Den Teig etwas flüssiger halten als den normalen Pfannkuchenteig. Unter Umständen noch etwas Milch oder Wasser zugeben. Sie können den Teig mit dem Schneebesen oder mit einem Elektroquirl anrühren.

Vor dem Braten sollte der Teig 1/2 - 1 Std. ruhen.

In der Pfanne bei mittlerer Hitze etwas Butter zer-

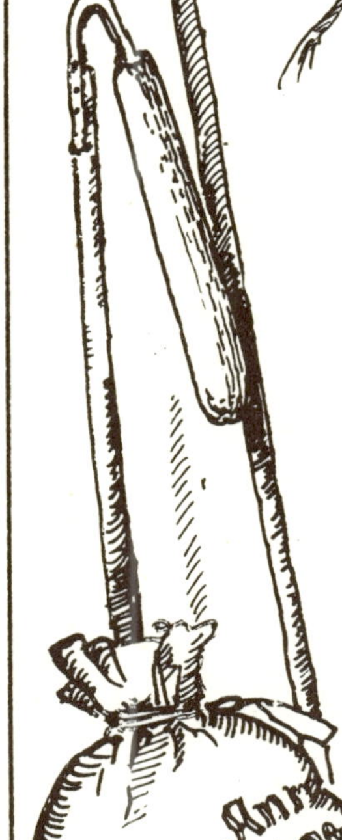

gehen lassen oder einfach die Pfanne mit einem Butterpinsel einfetten. Den Teig in die schräg gehaltene Pfanne gießen, so daß der Boden gerade bedeckt ist. Sobald der Teig auf der Unterseite leicht braune Flecken zeigt, das Flädle umdrehen und fertig braten.

Zum Abkühlen am besten auf einen umgedrehten Suppenteller legen. Danach rollen und in feine Streifen schneiden – und fertig ist die Einlage für die Flädlessuppe.

Gebackene süße Flädla

150 g Mehl, 2 – 3 Eier,
1/4 l Milch, 1 Prise Salz,
Butter zum Braten.

Den Flädlesteig anrühren und ca. 1/2 Std. ruhen lassen. Hellgelbe Flädla backen und mit Marmelade, am besten Bråschtlingsgselz (Erdbeerkonfitüre) bestreichen. Einrollen, in drei Teile schneiden, zuerst in Eier und dann in Semmelbrösel wälzen. In heißem Schmalz bzw. Öl goldgelb backen. Dazu auf Wunsch eine Vanillesoße reichen.

Aufgezogene Flädla

Die gebackenen Flädla einrollen und in drei Teile schneiden. Die Flädlesschnecken aufrecht in eine gefettete Kasserolle setzen.

Dann rührt man 3 - 4 Eier, 1/4 l Sahne und 2 - 3 Eßl. Mehl zusammen an und gießt so viel über die Flädla, daß sie gut zur Hälfte bedeckt sind. Im vorgeheizten Ofen bei ca. 200 Grad 15 - 20 Min. backen.

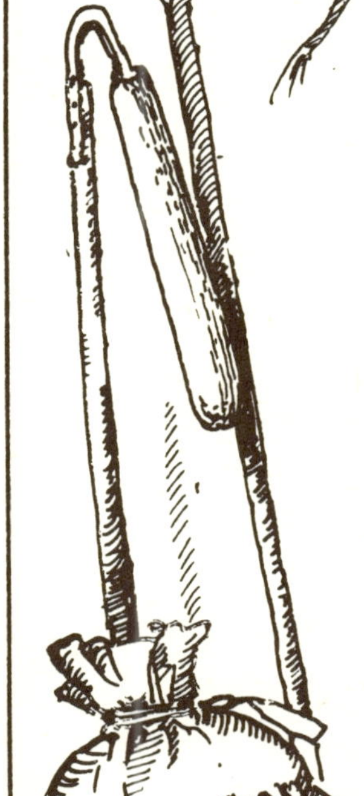

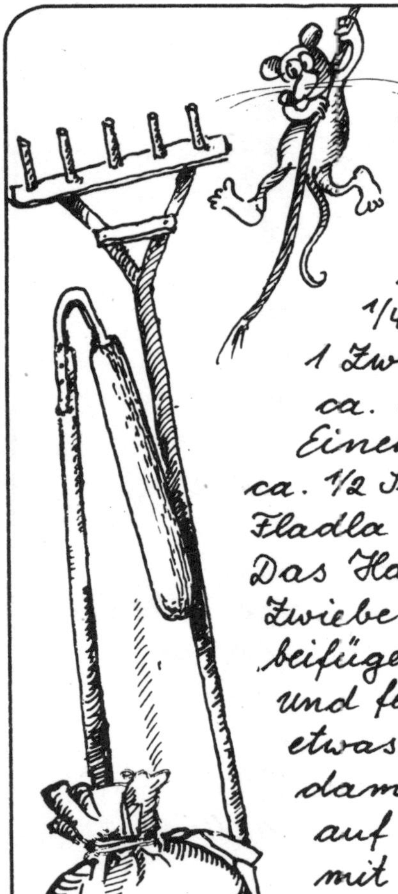

Flädla mit Fleischfüllung

150 g Mehl, 2 – 3 Eier,
1/4 l Milch, 1 gute Prise Salz,
1 Zwiebel, Butter zum Braten,
ca. 250 g Hackfleisch.

Einen Flädlesteig anrühren und ca. 1/2 Std. ruhen lassen. Danach die Fladla goldgelb backen.

Das Hackfleisch mit der feinen Zwiebel anbraten, etwas Tomatenmark beifügen, mit Salz und Pfeffer würzen und fertig garen. Zum Schluß mit etwas Mehl abbinden. Die Flädla damit bestreichen, einrollen und auf einer heißen Platte aufschichten, mit Schnittlauch bestreuen und mit frischen Salaten servieren.

Flädla mit Bratwurst

2–3 Eier, je nach Größe, 150 g Mehl, 1/4 l Milch, 1 Prise Salz, Butter zum Braten, 4 Bratwürste, am besten ohne Haut.

Den Flädlesteig anrühren und 1/2 Std. ruhen lassen. Die Bratwürste knusprig braten. Flädla backen und die gebratenen Würstchen darin einrollen. Wer will, kann die Würstchen auch noch vorher mit einer Gewürzsoße bestreichen.

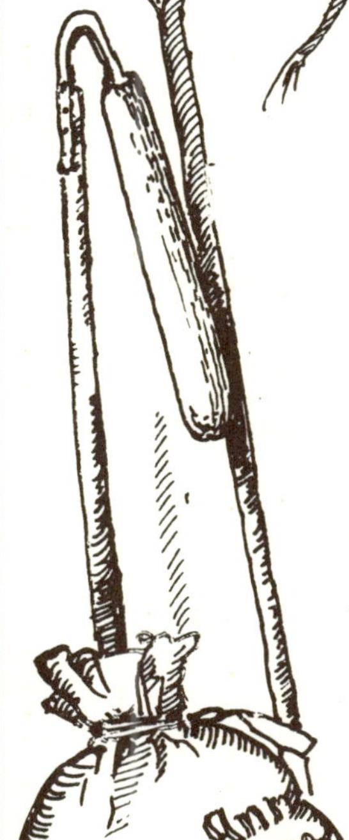

Zwetschgen-pfannakucha

200 g Mehl, 3 Eier, 1/4 l Milch, 1 Prise Salz, 750 g frische Zwetschgen oder 1 große Dose, Zucker und Zimt, Butter zum Braten.

Einen Pfannkuchenteig zubereiten und 1 Std. ruhen lassen. Die Zwetschgen waschen und entsteinen. Die Dosenfrüchte gut abtropfen lassen.

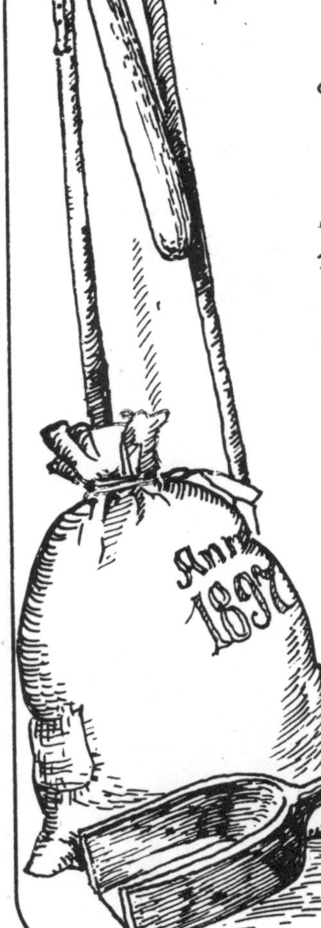

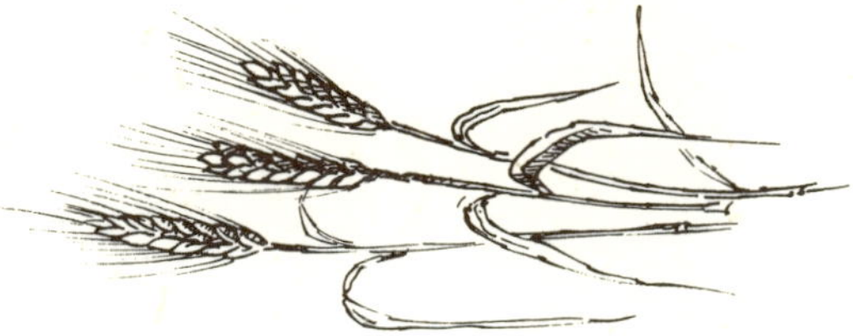

Den Teig in die erhitzte Pfanne geben, mit den Früchten belegen, daß die Schnittflächen nach oben zeigen. Den Pfannkuchen abdecken und bei schwacher Hitze braten, da er nicht umgedreht wird. Auf einen Teller geben, mit etwas Zwetschgensaft beträufeln und mit Zucker und Zimt bestreuen.

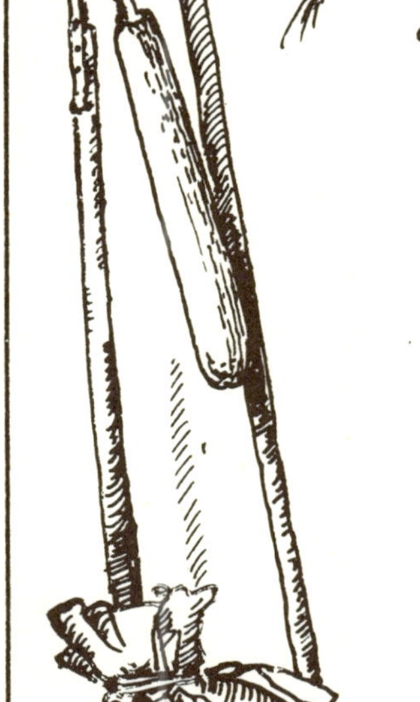

Apfelpfannakuacha

200 g Mehl, 3 Eier, 1/4 l Milch, 1 Prise Salz, 4 große reife Äpfel, Zitronensaft, Zucker und Zimt, Butter zum Braten.

Den Pfannkuchenteig zubereiten und 1 Std. ruhen lassen. Die Äpfel schälen, vierteln, das Kernhaus entfernen und dünne Scheiben schneiden. Mit Zitronensaft beträufeln. Nun können Sie die zerkleinerten Äpfel direkt in den Teig geben und herausbacken, das hat

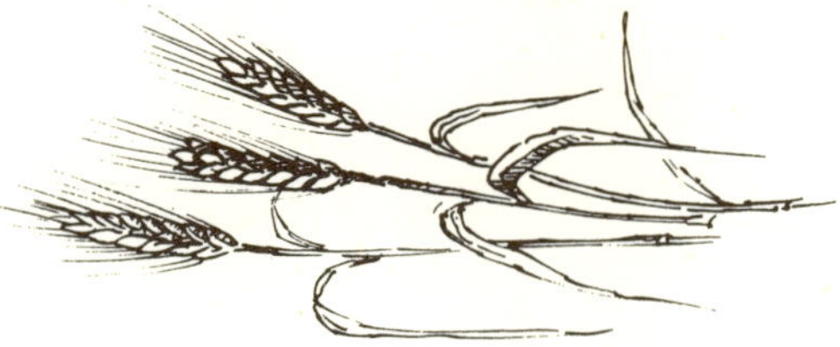

den Vorteil, daß die Pfannkuchen auf beiden Seiten angebraten werden können. Oder aber Sie geben zuerst den Teig in die Pfanne und legen darauf die Äpfel und verfahren wie bei den Zwetschgenpfannkuchen. Der fertige Apfelpfannkuchen kann noch mit Calvados beträufelt werden. Auf jeden Fall mit Zucker und Zimt bestreuen.

Speckpfannakuacha

3 Eier, 200 g Mehl, 1/4 l Milch, 100 g geräucherten Bauchspeck, Butter zum Braten.

Aus den genannten Zutaten einen Pfannkuchenteig zubereiten. Ohne den Speck natürlich. Den Teig 1 Std. ruhen lassen. Bei diesem Teig so gut wie kein Salz verwenden, da der Speck genug Salz enthält.
Die Speckscheiben in der Pfanne anbraten, den Teig darüber gießen und auf beiden Seiten goldgelb anbraten. Sie können den Speck auch in Streifen schneiden und unter den Teig mischen.

Zwiebel-pfannakuacha

200 g Mehl, 3 Eier, 1/4 l Milch
Salz und Pfeffer, 3 mittlere Zwiebeln,
Butter zum Braten.

Ohne die Zwiebeln einen Pfannkuchenteig zubereiten und 1 Std. ruhen lassen.
Die Zwiebeln schälen, in feine Scheiben schneiden, glasig anbraten und abkühlen lassen. Dann in den Teig geben, der etwas dickflüssiger als sonst sein sollte. Die Pfannkuchen auf beiden Seiten goldgelb anbraten, aufrollen und vor dem Servieren mit Schnittlauch bestreuen.

Pfannakuacha mit Geflügelleber

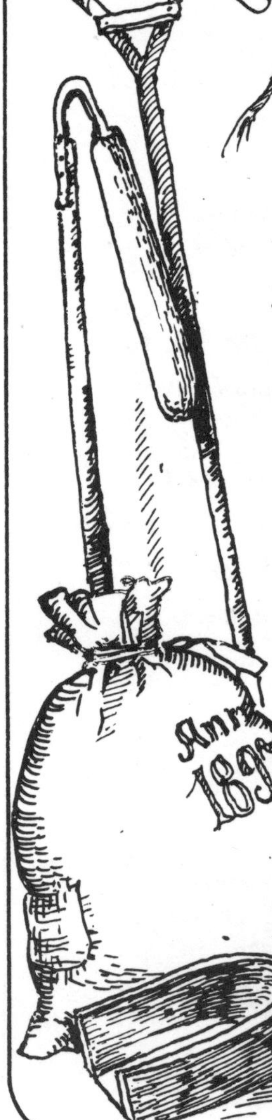

200 g Mehl, 3 Eier, 1/4 l Milch, 1 Prise Salz, 2 Zwiebeln, 2 Eßl. Sahne, 400 g Geflügelleber, Salz, Pfeffer, 2–3 Eßl. Öl.

Zunächst den Pfannkuchenteig zubereiten und 1 Std. ruhen lassen. Die feingeschnittenen Zwiebeln glasig anbraten, die geputzte und geschnittene Hühnerleber mit Mehl bestäuben, dazugeben und braten bis kein blutiger Saft mehr austritt. Mit Rotwein oder Sahne ablöschen und gut würzen.

Die Pfannkuchen braten und die Füllung darauf verteilen. Zusammenrollen und auf eine heiße Platte legen, eventuell im Grill warmhalten.

Pfannakuacha mit Pilzfüllung

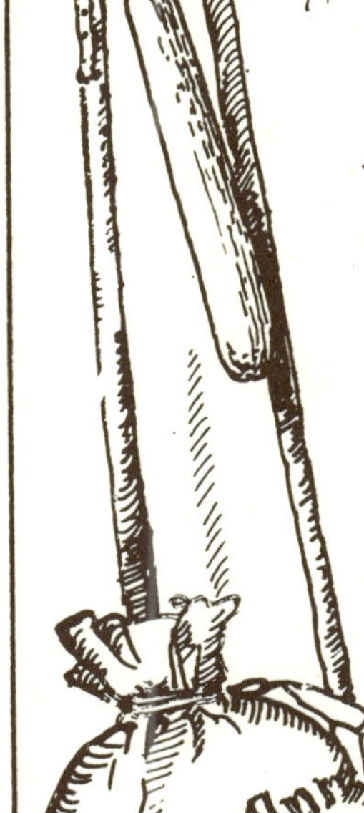

3 Eier, 200 g Mehl, 1/4 l Milch, 1 Prise Salz, 250 g Champignon oder andere Pilze, 4 Eßl. Sahne, 1 Bund Petersilie, 4 Eßl. Weißwein.

Den Pfannkuchenteig zubereiten und 1 Std. ruhen lassen. Die Champignons in Scheiben schneiden und in einen gebutterten Topf geben, kurz andünsten, mit Mehl bestäuben und mit der Sahne oder dem Wein ablöschen. Kurz aufkochen lassen, abschmecken und die feingehackte Petersilie beigeben.

Pfannkuchen zubereiten und mit der Füllung bestreichen. Zusammenfalten und mit frischem Salat servieren.

Eierhaber

150 g Mehl, 5 Eier, 1/4 l Milch, 1 gute Prise Salz, Öl oder Butter zum Braten.

Die Eier trennen. Mit dem Mehl, dem Eigelb, Milch und Salz einen Teig anrühren. Das Eiweiß zu steifem Schnee schlagen und unter den Teig ziehen.
In einer Eisenpfanne mit feuer-festem Griff das Fett erhitzen. Den Teig hineingießen und kurz die Unterseite anbraten. Dann die Pfanne in den mit 225 Grad erhitzten Ofen schieben und

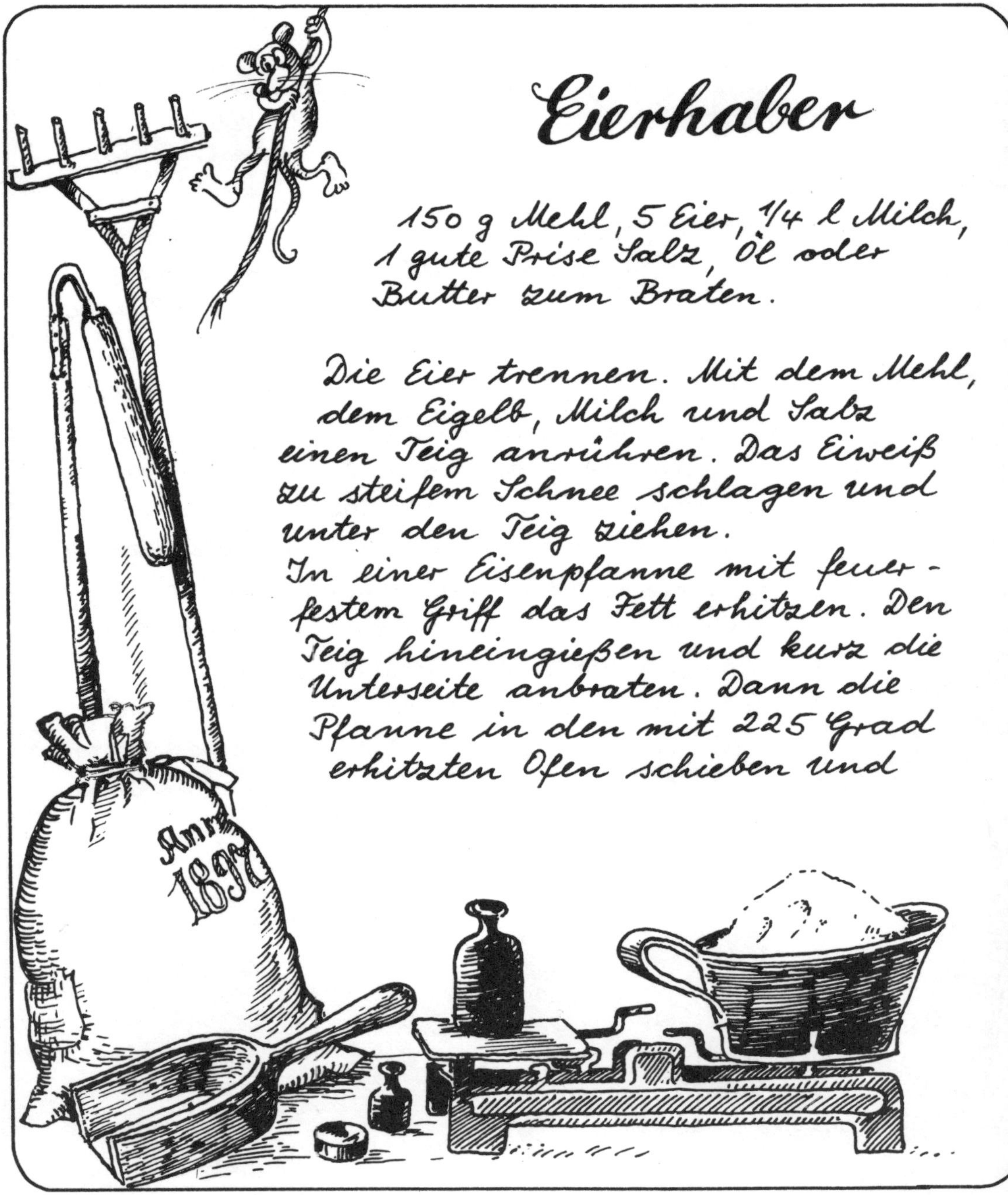

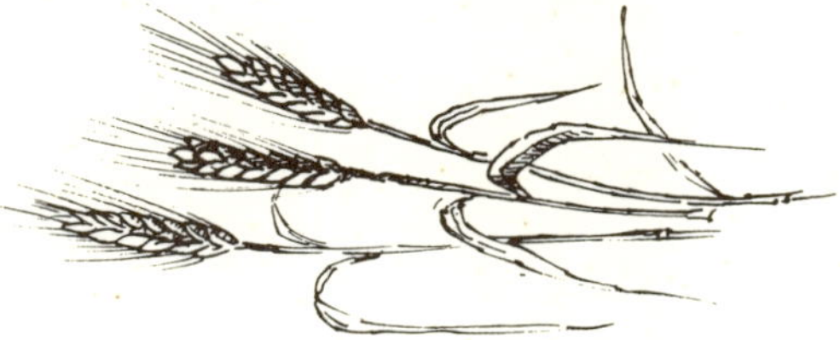

10 Min. aufgehen lassen. Herausnehmen und wenden, kurz anbraten und mit zwei Gabeln in kleine Stücke reißen und nochmals alles zusammen anbraten.

Den Eierhaber können Sie auf Wunsch auch noch mit geriebenem Käse, Speckwürfeln oder Pilzen verfeinern.

Ansonsten eignet sich der Eierhaber gut als Beilage zu süßen und gesalzenen Speisen. Wenn Sie es eilig haben, können Sie auch auf den Eischnee verzichten.

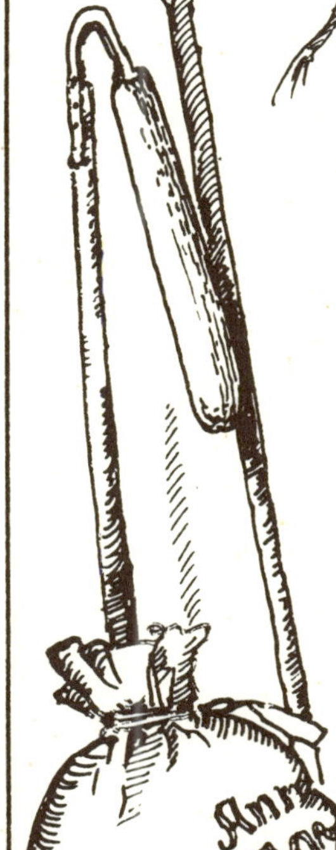

Spinat-pfannakuacha mit Speck

3 Eier, 1/4 l Milch, 200 g Mehl, 1/2 Teel. Salz, Muskat, ca 300 g feingehackten, gebrühten Spinat (am besten Tiefkühlspinat), 200 g Speck, Butter oder Öl zum Braten.

Zusammen mit dem Spinat einen Pfannkuchenteig zubereiten und 1 Std. ruhen lassen. Den Speck in Streifen schneiden und goldgelb anbraten, etwas abkühlen und dem Teig beimengen. Danach in Butter oder Öl auf beiden Seiten goldgelb anbraten.

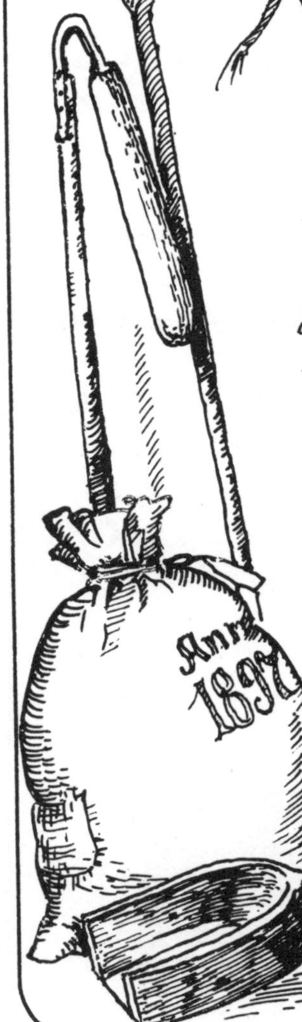

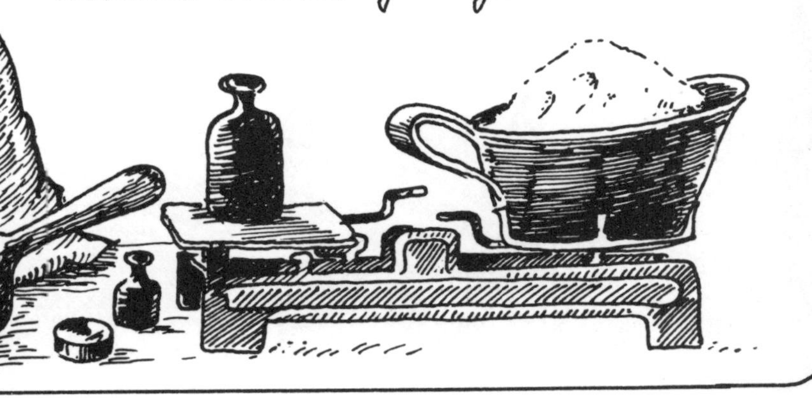

HE
eln
Flüssig
Ei
Nudeln
1985

Nudla

Uff'm Disch stohd Meahl ond Salz
ond a Nudelbrett a alt's,
's Wellholz greifbar neabadra,
zom Nudlawella – ed zom Schla'.

D' Oier, gelb, frisch uss dr Schal,
a halb's Dutzed an dr Zahl,
sorged, daß der Nudeldoig,
beim Kneda gloichig wird ond woich.

D' Muadder isch mit Feuereifer,
mr sieht 'rs a, ganz ohne Zweifel,
ganz in iahrem Element:
se macht da Nudeldoig no mit
de Händ.

So isch des Brauch von altersher,
dr Muadder fälld des gar ed schwer,
hod doch de selig Ahna schao,
grad s gleiche mit de Nudla dao.

Noch deam Rezept – gib do druff acht,
werdet d' Nudla heit no gmacht.
Ob broide, denne – ganz egal,
s isch ällaweil a guada Wahl.

Erwin Haas

Feine und breite Nudla

In keinem Land der Erde wird heute den Nudeln soviel Aufmerksamkeit geschenkt und sind sie so beliebt wie in Italien. Durch geschickte Werbung und die Verbreitung der Nudelgerichte durch heimkehrende Italienreisende sind viele der Meinung, das Heimatland der Nudel liege im Süden. Doch die ersten Nudeln dürften in China hergestellt worden sein. Von wo sie Marco Polo im 12. Jahrhundert mitgebracht hat.
Neben unseren Spätzla und Knöpfla haben sich die Bandnudeln und Suppennudeln in unserer Küche einen festen Platz erobert. Jahrhundertelang wurden sie hausgemacht. Doch gibt es immer weniger Haushalte, die sich dieser zeitraubenden Arbeit unterziehen. Sämtliche Nudelarten kann heute jeder bequem im Laden kaufen. Erst durch den Flüssigeiskandal aufgeschreckt,

der 1985 viele Nudelfreunde erschütterte, besannen sich viele Hausfrauen und Hausmänner wieder der alten Nudelrezepte und ihrer Herstellung.
Leider sind Nudeln immer noch als Dickmacher verschrien, zu Unrecht übrigens. Sehen wir uns die Nudeln doch mal genauer an: Sie enthalten wenig Fett und Natrium und sind somit auch als Diätkost gut geeignet. Außerdem sind sie frei von Faserstoffen und daher leicht verdaulich. Sie haben einen relativ hohen Eiweißgehalt, 100 g Nudeln enthalten 13 g Eiweiß, und wer kalorienarm leben will oder muß, ißt hier richtig, denn 100 g Nudeln enthalten nur etwa 370 Kalorien.
Am beliebtesten sind bei uns die Bandnudeln, die hauptsächlich als Beilage, mit Semmelbrösel abgeschmelzt, zu Braten aller Art serviert werden.
Also – los geht's, packen Sie

Ihr Nudelbrett wieder aus, denn wie heißt es bei uns im Schwabenland:

A guats Nudelbrett
ond a guata Ausred
isch' s halbe Läba.

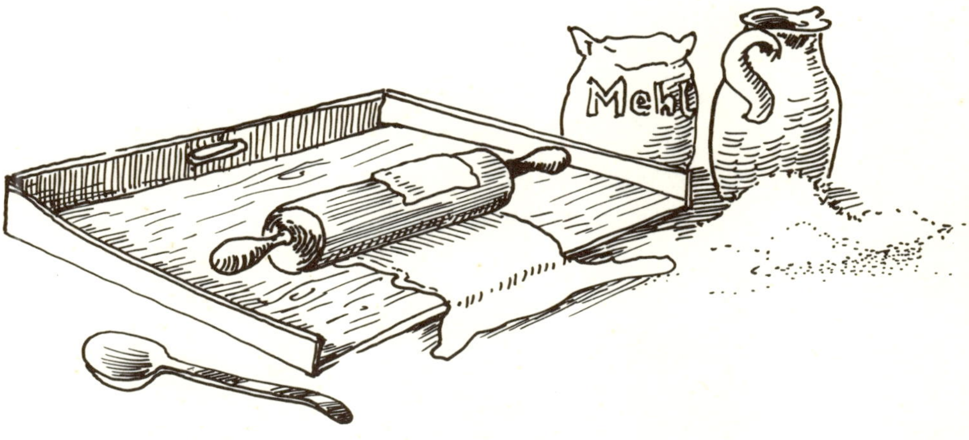

Nudelteig

400 g Mehl, 4 Eier, 1 Eßl. Salz, 1 Eßl. Öl, eventuell ein wenig Wasser, je nach Größe der Eier.

Das Mehl auf das Nudelbrett bzw. auf den Tisch geben, eine Mulde hineindrücken, Eier, Salz und das Öl hineingeben, mit Mehl bedecken und alles zusammen mit beiden Händen kräftig durchkneten, bis der Teig glatt und glänzend ist. Ist der Teig zu trocken, etwas Wasser beimengen.

Abgedeckt den Teig ca. 10 Min. ruhen lassen. Wird der Teig erst später verarbeitet, die Oberfläche mit Öl einpinseln, damit er nicht austrocknet.

Selbstverständlich können Sie den Nudelteig auch ohne Eier zubereiten. In diesem Fall nehmen Sie Hartweizengrieß statt Mehl und machen den Teig mit 2 Eßl. Öl und einem 1/2 l heißem Wasser an. Hier lassen Sie den Teig 20 Min. ruhen.

Danach den Teig ausrollen und Nudeln formen. Der feste und zähe Teig muß papierdünn ausgerollt werden. Deswegen verarbeiten Sie am besten auch nur ein Viertel des Teiges.

Bandnudeln: Die ausgerollten Fladen mit etwas Mehl bestäuben, zu einer Roulade aufrollen und mit dem Messer Scheiben von je 2 - 3 mm Dicke abschneiden. Die Scheiben

sofort auseinander schütteln und zum Trocknen auf Pergamentpapier legen.
Wollen Sie andere Nudeln, so lassen Sie Ihrer Phantasie freien Lauf und rädeln oder schneiden Sie mit dem Messer einfach Vierecke oder Dreiecke jeglicher Art aus. Natürlich gibt es heute zum Nudelherstellen die modernsten Geräte, die Ihnen die Arbeit sehr erleichtern. Wer gerne bunte Nudeln liebt, gibt einfach in den Teig feingehackte Kräuter, Spinat oder Tomatenketchup dazu.

Nudla mit Butter, Rahm und Käse

400 g Bandnudeln, Salz, Muskat,
120 g Butter, 1/4 l frische Sahne,
6 Eßl. geriebenen Parmesan.

Die Nudeln bißfest abkochen, gut abtropfen lassen und sofort in einer Pfanne oder breitem Topf mit der weichen Butter bei kleiner Flamme behutsam mischen. Nach und nach die frische Sahne und den geriebenen Parmesan untermischen und mild würzen.
Dazu gibt es frische Salate mit Kräutern.

Nudla abkochen

Sparen Sie nicht beim Wasser. Man rechnet für 100 g Nudeln, das ist ungefähr eine Portion pro Person, 1 l Wasser.
Der Topf sollte nicht zu klein sein. Die Nudeln in das leicht gesalzene, manche nehmen auch etwas gekörnte Brühe, kochende Wasser geben. Die Kochzeit der Nudeln beträgt nach dem Aufkochen ca. 5 - 10 Min. Die Nudeln nur leicht köcheln lassen. Wichtig ist, die Nudeln nach dem Einfüllen behutsam umrühren, denn sonst sitzen sie sofort am Boden fest und kleben zusammen. Nach ca. 5 Min. ist die erste Bißprobe fällig, denn zu weich

gekochte Nudeln sind ein Greuel. Die Nudeln sollten einen festen Biß haben. In Italien, dem Land der Nudelfeinschmecker, werden alle Nudelarten bißfest, in der Fachsprache "al dente" abgekocht. Sobald die Nudeln also fertig sind, sofort in ein Sieb schütten und gut abtropfen lassen. Bitte nicht mit kaltem Wasser abschrecken. Das ist eine alte Unsitte und nur bei schlechter Qualität nötig. Nach dem Abschütten die Nudeln gleich mit Öl oder Butter bzw. Soße vermischen, dann kleben sie auch nicht zusammen. Das Nudelgericht sollte übrigens, wenn zeitlich möglich, sofort nach dem Kochen serviert werden.

Nudelauflauf

400 g Nudeln, 80 g Butter, 4 Eßl. Mehl, 1/2 l Milch, je eine Prise Salz und Muskat, 1 Zwiebel, 300 g gekochten Schinken oder Bratenreste, 150 g geriebenen Käse, 200 g saure Sahne, 2 Eigelb, Kräuter.

Aus der Butter, Mehl und der heißen Milch eine dickflüssige Soße kochen und gut würzen. Die feinen Zwiebeln glasig dünsten, die Schinkenwürfel dazugeben und kurz anbraten. Etwas abkühlen lassen und mit dem Käse und den Kräutern vermischen.

Die Eigelb mit der Sahne vermengen und würzen.
In eine gefettete Kasserolle abwechselnd je eine Lage kernig gekochter Nudeln und eine Schinken-Käse-Mischung geben. Jedesmal etwas von der Eiersahne darübergießen. Die letzte Schicht ist aus Nudeln und wird mit der weißen Soße begossen und mit Käse bestreut. Mit Butterflocken versehen, im vorgeheizten Ofen bei 200 Grad ca. 1 Std. goldgelb backen.

Nudla in bunter Soße

400 g Nudeln, 3/4 l Milch, 250 g Schmelzkäse, 150 g Salami, 500 g Tomaten, 2 hartgekochte Eier, Kräuter, Essiggurke, Salz, Pfeffer, Muskat.

Die Milch erhitzen und den Schmelzkäse stückchenweise zugeben und unter Rühren auflösen.

Die Wurst, die abgezogenen Tomaten, Eier und die Essiggurke in Würfel schneiden und in die Käsesoße geben. Kräftig abschmecken. Die bißfest abgekochten Nudeln in eine Kasserolle geben und mit der bunten Soße vermischen und mit feinen Kräutern bestreuen.

Krautnudla

250 g Bandnudeln, 250 g Sauerkraut, 2 Zwiebeln, 250 g Speck- oder Schinkenwürfel, ca. 80 g Schmalz.

Die feinen Zwiebeln glasig dünsten und mit den Speck- oder Schinkenwürfeln kurz zusammen anbraten.
Das rohe Sauerkraut in einer Pfanne unter ständigem Rühren bräunen lassen.
Die bißfesten Nudeln mit dem angebräunten Kraut und dem Zwiebel-Speck-Gemisch gut vermengen und kurz zusammen anbraten.

Nudla mit Speck und Tomaten

400 g Nudeln, 200 g feingeschnittenen Speck (Rauchfleisch), 1-2 Zwiebeln, 500 g Tomaten, etwas geriebenen Käse, Salz, Pfeffer, Kräuter.

Die feinen Zwiebeln glasig dünsten, den Speck dazugeben und kurz anbraten. Die enthäuteten und in Würfel geschnittenen Tomaten mit gehackten Kräutern beimengen und zusammen kurz andünsten. Würzig abschmecken, mit den Nudeln vermengen und mit Käse bestreuen.

Nudla mit Ei und Schinken

400 g Nudeln, 200 g Schinkenwürfel, Kräuter, 2 Eier, Butter, Salz, Pfeffer, geriebenen Käse.

Die Schinkenwürfel mit den Kräutern in einer Pfanne in der zerlassenen Butter kurz andünsten. Die gut abgetropften Nudeln untermengen und die zwei verquirlten Eier unterziehen. Die Eier dürfen dabei auf keinen Fall stocken, sonst wird das Gericht zu trocken. Zum Abschluß mit etwas Käse bestreuen.

Rezept

Mei Muader bacht Küchla,
send alle schee brau,
se schperrt se ens Käschtle
ond will mer's ed lau.

Se geit mr an Brogga,
dua d' Henna reilogga.

Liabs Heahle, bi, bi, bi,
den Brogga aber, den freß i.

Luschdig isch dui Fasenacht,
wenn mei Muader Küchla bacht,
wenn se aber koene bacht,
no pfeif' e auf dui Fasenacht.

Von Küchla und anderem Schmalzgebäck

Die meist verspeisten Küchla dürften wohl die Fasnets- und Apfelküchla sein. Sie gehören zu den typischen Mehlspeisen Süddeutschlands. Die Apfelküchla wurden früher bei besonderen Anlässen als Festspeise gebacken. Heute reicht man sie zum Nachtisch oder zum Kaffee. Ihrer Beliebtheit tut das allerdings keinen Abbruch. Auf der Schwäbischen Alb waren sie besonders beliebt, wie ein alter Tanzvers zeigt:

Hondertausend Apfelküchla,
geit a ganza Schüssel voll,
ond a recht schees Bauramädle,
geit an ganza Ara (Arm) voll.

Ja, die Fasnet ohne ihre Küchla ist einfach undenkbar. Ich selbst entsinne mich noch genau, als meine Schwester und ich zum Fasnetsbetteln zogen und unsere Sprüchlein vorsagten. Es ist ein alter Brauch, daß man den verkleideten Kindern, die von Hof zu

Hof zogen, eine kleine Gabe überreichte. Dieser alte Brauch wird noch besonders auf dem Lande gepflegt. Meistens gab es natürlich Fasnetsküchla, aber auch Eier und andere Süßigkeiten.
Folgende Fasnetsversle wurden von uns Kindern aufgesagt:

I ben a alter Schweizer,
ond bitte om an Kreizer.

oder

I ben a alter Boier,
ond bitte om an Zwoier.

Meine Schwester zwitscherte immer:

I ben Prinzessin Mai,
ond bitte om a Oi.

Und reich beschenkt kehrten wir immer nach Hause. Auch im kleinsten Haus wurden Fasnetsküchla gebacken. Da ging es oft so eng zu, daß die Küche früher oft im Flur war.
Da hieß es dann: "Wenn dia Küchla bachat, guckt der Pfannastiel zur Haustür naus." Und wer kein Schmalz zum Backen hatte, der fragte dann

beim Nachbarn an. Das hieß dann so: "Wenn i meine Küchla en deim Fett bacha derf, kasch Du drfir dein Speck em meim Kraut mitkocha."
Mir selbst sind als Fasnetsküchla die sogenannten "Ausgezogene oder Fensterküchla" bekannt, also nicht die viereckigen Küchla, die meistens in Büchern als "die Fasnetsküchla" beschrieben werden. Nach alter Väter Sitte wurden die auszogne Küchla früher übrigens übers Knie gezogen. In einem alten Buch fand ich den Hinweis, man möge sich dazu ein Tuch übers Knie legen. Denn mit der Hygiene war das wohl früher so eine Sache für sich, wie folgende Geschichte berichtet:
Als der Sohn seine Angebetete seiner Mutter vorstellte, prüfte sie sofort die Knie der Hübschen, denn Frauen mit spitzen Knien galten früher als Hexen. Als sie nun die Knie der Zukünftigen sah, schlug sie die Hände überm Kopf zusammen und rief:
"A Hexe bisch koena, aber a Jesses-

drecksau". (Man möge mir die etwas deftige Ausdrucksweise verzeihen!)
Ein alter Brauch war, daß die Küchla nur in ungeraden Zahlen gebacken wurden. Dem Fasnetsküchlesschmalz wurden alle möglichen guten Eigenschaften zugeschrieben, so z. B. sei es heilkräftigend und gut für Sympathie-Zauber aller Art. Bänder und Schnüre, die damit eingeschmiert wurden, sollten nicht reißen usw.
Und weil Schmalz in früheren Zeiten sehr kostbar war, wurden die Küchla nach dem Backen immer auf alte Brotschnitten zum Abtropfen gelegt.
Davon wurde wiederum eine nahrhafte Brotsuppe gekocht.

Ausgezogene oder Fensterküchla

500 g Mehl, 1 Prise Salz, 40 g Hefe, 80 g Zucker, 60 g Butter, wer will, kann die Butter durch die gleiche Menge süße Sahne ersetzen, 1/8 - 1/4 l lauwarme Milch, 2 Eier.

In einer Mulde des Mehls, den sogenannten Vorteig anrühren. Dazu wird die Milch mit etwas Mehl, Zucker und der Hefe angerührt. Danach ca. 30 Min. gehen lassen. Anschließend mit dem restlichen Mehl und Zucker, der angeweichten Butter dem Salz, alles gut vermengen und den Teig so lange schlagen, bis er Blasen wirft. Danach ca. 1 Std. mit einem Tuch zugedeckt gehen lassen.

Nun sticht man mit einem Eßlöffel Teigstücke in der Größe eines Hühnereis aus, setzt sie auf ein gemehltes Brett und läßt sie nochmals ca. 20 Min. gehen. Die Teigstücke werden unter ständigem Drehen, von der Mitte nach außen gezogen, daß sich außen eine Wulst formt, innen muß sich ein runder, papierdünner Kreis bilden. Früher (vielleicht auch noch heute?) wurden die oben genannten Küchla einfach übers Knie gezogen. Die so geformten Küchla wurden in heißem Fett herausgebacken, bis sie außen schön braun, in der Mitte dagegen, goldgelb sind. Sie werden noch heiß mit Zucker und Zimt bestreut.

Fasnachtsküchla

500 g Mehl, 70 g Butter, 70 g Zucker, Salz, 20 g Hefe, 1/4 l lauwarme Milch, 2 Eier, auf Wunsch etwas Zitronenschale, Zucker-und-Zimt-Gemisch.

Aus etwas Mehl, Zucker und Hefe und dem 1/4 l lauwarmer Milch einen Vorteig anrühren. Den Vorteig ca. 30 Min. gehen lassen. Danach mit weicher Butter, dem restlichen Mehl, 2 Eier, Salz und Zucker zu einem festen Teig schlagen, bis er Blasen wirft. Den Teig mit einem Tuch zudecken und nochmals ca. 1 Std. gehen lassen.

Dann ca. 1 cm dick ausrollen oder drücken und länglich verschobene Vierecke ausrädeln. Zugedeckt nochmals ca. 20 Min. gehen lassen. Vor dem Backen mit einer Gabel kurz mehrmals einstechen. In heißem Fett schön braun ausbacken und mit Zucker und Zimt bestreuen.

Beliebt ist auch, die Küchlein mit Marmelade (am beschda schmeckt's mit Bräschtlingsgselz) zu füllen. Man legt einfach ein zweites Stück Teig auf das mit fester Marmelade versehene erste Stück und rädelt es aus, am besten vor dem letzten Gärgang.

Apfelküchla

200 g Mehl, 3 Eier, je nach Eigröße
1/8 l Milch, 1 Prise Salz, 4 – 5 mittel-
große Äpfel, 1 – 2 Eßl. Zucker, 1 Zitrone.

Die Äpfel schälen, mit einem speziellen Ausstecher entkernen, und in 8 mm dicke Scheiben schneiden. Mit Zitronensaft beträufeln.

Aus dem Mehl, Eiern, Milch, Salz, 1 Eßl. Zucker einen etwas festeren Pfannenkuchenteig anrühren.

Die Apfelscheiben kurz eintauchen und im schwimmenden Fett ausbacken. Heiß mit Zucker und Zimt bestreuen.

Geriebene Apfelküchla

3 – 4 mittelgroße Äpfel, hier lassen sich auch gut beschädigte Äpfel verwenden, 100 g Mehl, 1 Ei, etwas Milch und Zucker, 1 Prise Salz.

Einen festen Pfannkuchenteig herstellen. Die geriebenen Äpfel, die mit Rosinen vermischt werden können, mit dem Teig vermischen. In einer Pfanne gut Fett erhitzen und löffelgroße Häufchen einsetzen, die etwas auseinander fließen. Auf beiden Seiten goldgelb anbraten und mit Zucker und Zimt bestreuen.

Apfelküchla für Feinschmecker

Sie fertigen einen Pfannkuchenteig an. Siehe bei Apfelküchla.
4–5 Äpfel schälen und entkernen, in 8 mm dicke Scheiben schneiden und in eine Schüssel legen. Mit feinem Zucker bestreuen und mit Kirschwasser oder Rum begießen und ca. 1–2 Std. darin ziehen lassen. Gut abtropfen lassen, in den Teig eintauchen und in schwimmendem Fett herausbacken. Anstatt mit Milch kann der Teig auch mit Bier angemacht werden. Hierbei werden die Eier getrennt und das geschlagene Eiweiß zum Schluß unter den Teig gezogen.

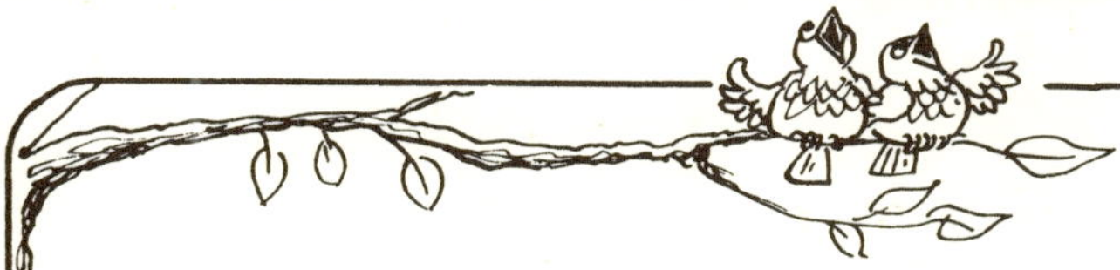

Bollaküchla

250 g Mehl, 3 Eier, 1/4 l Milch,
1 Prise Salz.

Die Zutaten zu einem festen Pfannkuchenteig anrühren. Mit einem Eßlöffel den Teig in das nicht zu heiße Fett geben, und auf beiden Seiten knusprig backen.

Eine einfache und schnelle Süßspeise, zu der Apfelmus gereicht wird.

Strauba

250 g Mehl, 20 g Zucker, 1/4 l Milch, je nachdem die Eier ausgeben, 3 oder 4 Eier, 40 g flüssige Butter, 1 Prise Salz.

Einen Brandteig fertigen, siehe bei Nonnenfürzla. Von dem Teig füllt man ca. 2 - 3 Eßl. in einen Trichter oder Spritzbeutel und formt in das heiße Fett einen großen Kreis, der immer kleiner wird, daß er am Schluß eine Schnecke bildet. Backt es an beiden Seiten schön goldgelb an, legt es zum Abtropfen auf eine Brotscheibe oder ein Wargelholz; dann ergibt es eine schöne runde Form. Noch heiß mit Zucker und Zimt bestreuen.

Gebackene Kirschen und Zwetschgen

Kirschen mit Stielen, ca. 6 Stück, gut waschen, in einen festen Pfannkuchenteig tauchen, und in schwimmendem Fett herausbacken. Die Zwetschgen entsteinen und mit einer Mandel füllen. Wie oben angegeben in den Teig tauchen und herausbacken. Beide Früchte noch heiß mit Zucker und Zimt bestreuen.

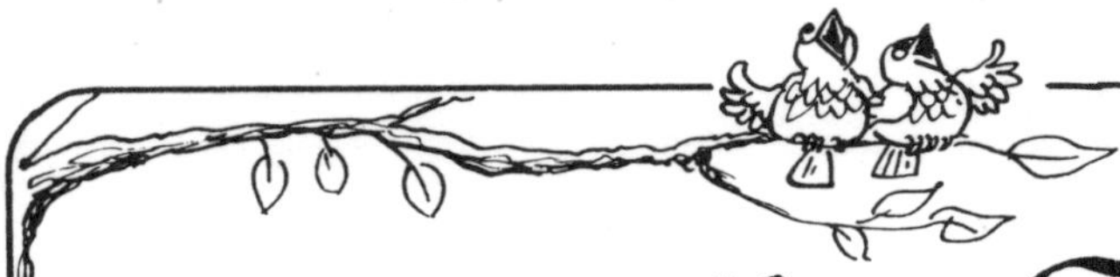

Versoffene Jungfern

150 g Mehl, 150 g Zucker, 3 Eier, 3 Eßl. heißes Wasser, 2 Teel. Backpulver, 1/2 Päckchen Vanillezucker.

Zucker und Eier schaumig rühren, dann abwechselnd Mehl und Wasser sowie die anderen Zutaten zugeben und schnell verrühren. Mit einem Kaffeelöffel kleine Knödel ausstechen und im schwimmenden Fett herausbacken. Die fertigen Stücke mit aufgekochtem Most oder Wein übergießen und mit Zucker und Zimt bestreuen.

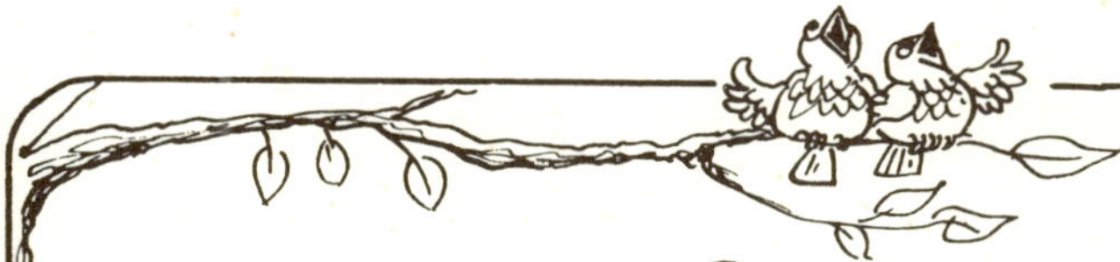

Nonnenfürzla

125 g Mehl, 50 g Butter, 1/4 l Milch,
1 Prise Salz, 3 Eier, 1 Eßl. Zucker,
1/4 Teel. Backpulver (Brandteig).

Die Milch mit dem Salz und der Butter aufkochen. Das Mehl schnell einrühren und so lange rühren, bis der Teig sich vom Topf löst. Den Topf vom Herd nehmen. Nun rührt man einzeln die Eier unter den Teig und gibt zum Schluß den Zucker und das Backpulver dazu.
Mit dem Kaffeelöffel kleine Knödel formen und im Fett goldgelb backen.

Kartäuserklöse

3-4 altbackene Brötchen, 2 Eier, 1/4 l Milch, 2 Eßl. Zucker, abgeriebene Zitronenschale, 4 Eßl. Semmelbrösel, Zucker-und-Zimt-Gemisch.

Die alten Brötchen abreiben und halbieren. Das Eigelb mit dem Zucker, der Zitronenschale und der Milch verrühren und die halbierten Brötchen darin einweichen. Einmal wenden und gut durchziehen lassen. Danach gut ausdrücken. Mit dem verquirlten Eiweiß und den Semmelbröseln panieren und in heißem Fett herausbacken. Mit Zucker und Zimt bestreuen.

Wurde gern am Karfreitag zubereitet.

Holderküchla

Die Holunderblüte gut waschen und in einen festen Pfannkuchen- bzw. Bierteig tauchen. Gut abtropfen lassen und in einer Pfanne mit Fett goldgelb herausbacken. Der Stiel ist nur zum Halten da. Man ißt sie mit Zucker und Zimt.

Wer reichlich davon ißt, bekommt das ganze Jahr kein Fieber, berichtet eine alte Überlieferung.

Pfaffenkäppchen

Einen Pfannkuchenteig herstellen.

In heißem Fett einen runden Löffel oder Suppenschöpfer erhitzen, mit der unteren Seite in den Teig halten, so daß nichts darüber läuft. Ist das Küchlein halb gebacken, abschütteln und vollends goldgelb backen. Es eignet sich gut zum Füllen mit Früchten und Gemüsen.

Das Schwarzmehlmus und der Herr Pfarrer

Die neue Haushälterin des Herrn Pfarrer beobachtete mit Mißbehagen, wie der werte Herr Pfarrer beim gemeinsamen Musessen, das Beste, nämlich die Butterschmelze, geschickt auf seine Seite lotste. Als er nun wieder beim Tischgebet anfing: "Im Namen des Vaters, des Sohnes und des heiligen Geistes ....", und bei jedem Namen mit seinem Löffel eine Furche in seine Richtung in das Mus zog, daß die Butter auf seine Seite floß, stieß die erboste Haushälterin ihren Löffel auf ihrer Seite in das Mus, formte eine größere Mulde, so daß die restliche Butter hineinfloß, und sprach: "Und das ist für die anderen Heiligen."

Verschiedene Müsla

Eines der wichtigsten Grundnahrungsmittel der einfachen Leute und Bauern waren in früheren Zeiten verschiedene Musarten, die in den unterschiedlichsten Versionen zubereitet wurden. So war auf der Abb das schwarze Mus am bekanntesten. Es wurde aus geschrotetem und angeröstetem Dinkel hergestellt. Dazu gab es in jedem Bauernhaus die "Breipfanne", die mittels des "Pfannenknechts", einer Art Untersetzer, direkt auf den Tisch kam.
Beim Musessen war es immer ratsam, pünktlich zu erscheinen, denn jeder durfte auf seiner Seite der Pfanne mit dem Löffel eine kleine Kuhle machen, die sich mit der zerlassenen Butter oder dem Schmalz füllte. Wer hier also zu spät kam, "dem blieb's Maul sauber". Nach dem Essen wurden die Löffel gesäubert und unten am Tisch aufgehängt. Das Mus war so

nahrhaft, daß die Männer, die davon verzehrt hatten, stundenlang ohne Hunger zu bekommen, auf dem Feld arbeiten konnten, besonders wenn eine gute Portion zerlassener Butter oder Schmalz dabei war.

Den Kindern wurde aus Gries oder Weißmehl ein weißes Mus gekocht, das gerne mit angewärmtem Honig gesüßt wurde.

Das Muskochen war früher eine verantwortungsvolle Aufgabe, wie folgender Vers beweist: "Dui, wo koen schwarza ond weißa Brei kocha ka, dui sott net heirata", hieß es darum auch früher. Und wenn einer nicht gerade mit Schönheit gesegnet war, mußte er sich folgenden Spottvers gefallen lassen: "Dir henses Mus au mid dr Schaufl gfuttert."

Ja, das waren noch harte Zeiten. Musmehl gibt es übrigens noch in den meisten Mühlen zu kaufen.

Musmehlmus

1½ l Wasser, 200 g Musmehl (ein aus Weizen, früher Dinkel, grob gemahlenes Mehl, bei dem nur ein Teil der Getreidehülse entfernt ist), 2 Scheiben in Würfel geschnittenes Schwarzbrot, ca. 50 - 70 g Butter oder Schmalz.

Das Wasser aufkochen und langsam unter ständigem Rühren das Musmehl einstreuen. 10-15 Min. unter ständigem Rühren köcheln lassen. Nach der Fertigstellung bekommt das Mus schnell eine Haut, worüber die zerlassene Butter bzw. Schmalz gegossen wird. In vielen Gegenden werden dann noch die Brotwürfel dazugegeben.

Brennts Mus oder Schwarzmus

500 g Musmehl, 1/2 l Wasser,
3 Eßl. Schmalz, Salz.

Das Musmehl wird zusammen mit dem Schmalz in der Pfanne angeröstet und langsam mit dem leicht gesalzenen Wasser zum Kochen gebracht, dann auf kleiner Flamme zu einem dicken Brei quellen lassen.
Mancherorts wurde das Mus auch mit Grieben bestreut oder mit Schmalz abgeschmälzt.
Dazu gab es einen Milchkaffee.

Musauflauf

80 g Mehl, 1 Liter Milch, 120 g Zucker,
8 Eigelb, 8 Eischnee, Zitronenschale,
eine Prise Salz, 50 g Butter.

Das Mehl mit der Milch verrühren, Zucker und Salz dazugeben und das Ganze unter ständigem Rühren aufkochen. Vom Herd nehmen, die geriebene Zitronenschale sowie das gut verrührte Eigelb und den fest geschlagenen Eischnee vorsichtig unter das Mus geben. Das Ganze gibt man in eine gebutterte Auflaufform und backt es ca. 20 Minuten bei mittlerer Hitze.

Griesmus

1 l Milch, 80 – 100 g Gries,
50 g Butter, Zucker, Salz, 1 Eigelb.

In die kochende Milch langsam den Gries einstreuen und ca. 5 – 10 Min. unter ständigem Rühren köcheln lassen. Vor dem Servieren den Zucker und die Prise Salz zugeben, die Butter sowie das Eigelb unterziehen. Schön sieht es aus, wenn man den Zucker auf das fertige Mus streut und mit einem glühenden Eisenstab Figuren einbrennt.

Kartoffelmus

6 – 8 Kartoffeln, 1/4 – 1/2 l Milch, 80 g Butter oder Schmalz, Grieben, Salz.

Die Kartoffeln schälen, abkochen und mit der Hälfte der Butter zu Brei zerdrücken. Zusammen mit der heißen Milch vermischen und abschmecken. Mit angerösteten Semmelbröseln oder Zwiebeln abschmelzen und mit Grieben bestreuen.
Dazu wurde gern Sauerkraut gegessen.

Käsmus

4 große Löffel Mehl, 1 Ei, Salz, 100 g geriebenen Käse, 1/2 l Milch-Wassergemisch, 1 Zwiebel, 2 Löffel Schmalz.

Aus dem Mehl, Ei und Salz "Riebele" anfertigen. (Die genannten Zutaten in einer Schüssel zu einem festen Teig vermengen und auf einem Rettichhobel abreiben.)
Die Milch aufkochen und die Riebele und den Käs daruntenziehen. Die feingeschnittene Zwiebel in Schmalz anbräunen und das Mus abschmelzen.

Apfelmus

500 g Äpfelschnitz, 1 großer Eß-
löffel Mehl und Semmelbrösel,
50 g Butter, Zucker.

Die Äpfelschnitz dünsten, das angerührte Mehl mit der Hälfte der Semmelbrösel dazugeben und zusammen kurz aufkochen. Die restlichen Semmelbrösel in Butter anbräunen und das Mus kurz vor dem Servieren abschmelzen.

Reibmus

3/4 l Milch, 150 g Semmelbrösel, 100 g Weinbeeren, 50 g Butter, Salz und Zucker.

Die Milch aufkochen lassen, nach und nach die Semmelbrösel dazugeben und ca. 15 Min. sämig kochen. Die Weinbeeren dazugeben, nochmals kurz aufkochen, mit Salz und Zucker abschmecken und die zerlassene Butter darüber geben.

Holdermus

500 g Holderbeeren, Zucker nach Bedarf, ein wenig Salz, 1/8 l Milch, ca. 50 g Butter, 1 großer Löffel Mehl.

Die Beeren werden in der Milch, Salz, Zucker und Butter leicht angedünstet. Das Mehl wird mit etwas Flüssigkeit angerührt, dazugegeben und nochmals kurz aufgekocht. Teilweise wurden früher dazu frisch gekochte Kartoffeln gegessen. Mancherorts gab man nur angeröstete Brotwürfel darüber.

TABAK

Maultasche'

Hackfloisch, Zwiebel, Peitsche' stecke',
wassergwoichte Doppelwecke',
Peterleng, Spinat ond Brät,
älles durch de Floischwolf dreht,
Oier drüber, Salz ond Pfeffer,
geit e Toigle, geit en Treffer
grad für d Nudelböde' gricht,
ond schao' kriagt dui Sach e Gsicht!

Drufgschmiart, zuadeckt, toilt ond gschnitte',
net lang gfacklet maih ond ditte',
nei' en d Brüah ond ufkocht gschwend! –
Selber schuld, wer s Maul verbrennt!

Heinz-Eugen Schramm

Maultascha

Für uns Schwaben haben sich die Maultaschen, neben den Spätzle, zu dem Lieblingsgericht überhaupt entwickelt. Woher die Maultaschen nun wirklich kommen, ist bis heute eine Streitfrage geblieben. Viele behaupten, es sei eine rein schwäbische Erfindung, andere vermuten ihren Ursprung mehr in südlichen Ländern. Diese Frage wird sich wohl nie genau klären lassen. In alten Kochbüchern sind die Maultaschen z. B. unter den Bezeichnungen Gefüllte Nudeln, Grüne Strudel oder Ravioli zu finden.
Das Wort "Maultasche" hat sich somit wohl erst später durchgesetzt. Eins ist aber auf jeden Fall sicher, nirgendwo wurden die gefüllten Nudeln, unsre heutigen Maultaschen, so liebevoll aufgenommen und weiter entwickelt wie bei uns im Schwabenland. Sie ist dem Schwaben auch wie auf den Leib geschneidert, außen bescheiden,

innen dafür um so wertvoller. Früher wurden die Maultaschen hauptsächlich als Fastenspeise, also fleischlos, am Karfreitag, zubereitet.
Manche Unersättlichen erkannten schnell den Wert der Maultaschen. Konnten sie doch das reingeschmuggelte Fleisch vor den Augen des Herrn verbergen und so den lieben Gott beschummeln.
Heute genießt man nun die Maultasche das ganze Jahr über. Am Gründonnerstag werden heute noch gerne Maultaschen mit grüner Füllung – mit Spinat und Kräutern – zubereitet. Denn eine alte Überlieferung sagt, wer an diesem Tag viel Grün ißt, verleibt sich den Segen des beginnenden Frühjahrs ein.
Natürlich haben sich, erfinderisch wie wir Schwaben nun mal sind, eine Vielzahl von Füllungen entwickelt. Somit kann man von der "Maultaschenfüllung" schlechthin wohl nicht sprechen, da es darüber einfach zu viele Meinungen gibt, und jeder schwört natürlich auf sein Rezept.

Diese Probleme plagten unsere Vorfahren allerdings nicht, da waren die Maultaschen oft nur ein Resteessen. Es wurden einfach Fleisch und Gemüse klein gehackt und in die Maultaschen verarbeitet.
Ab und zu stößt man auch heute noch auf abenteuerliche Füllungen. Da werden z. B. Schnecken, Forellen, Hecht oder Krabben in die Maultaschen gepackt und zur Krönung des Ganzen noch mit Currysoße übergossen. Ja, "mit Gwalt kama au an Igel floha, hot sell Baur gsait". Am besten hält man sich da raus, "no kommt mr en nise nei."
Die gute alte Maultasche, die noch mit Spinat, Hackfleisch, eingeweichten Wecken hergestellt wird, das genaue Rezept stellen wir Ihnen noch vor, wird am liebsten in der Brühe mit Kartoffelsalat gegessen. Wobei "Auswärtige" sich nicht wundern dürfen, wenn der eine oder andere den Kartoffelsalat direkt in die Brühe

legt und alles zusammen genüß-
lich verspeist.
Genauso beliebt sind die Maultaschen
geschmelzt auf Kartoffelsalat oder
Sauerkraut. Die aus Zeitmangel
heute oft gekauften Maultaschen, sollten
mindestens 10 - 15 Min. in der Brühe
liegen, damit sie aufgehen können.

Maultascha

Ca. 500 g Nudelteig zubereiten. Sehen Sie unter Nudeln.

Füllung: 2 alte Wecken, 2 - 3 Eier, 200 g Hackfleisch, bei Zutaten von Fleischresten dementsprechend weniger, 100 g Rauchfleisch, 2 Zwiebeln, 1 Bund Petersilie und 400 g Gefrierspinat, Salz, Pfeffer und Muskat.

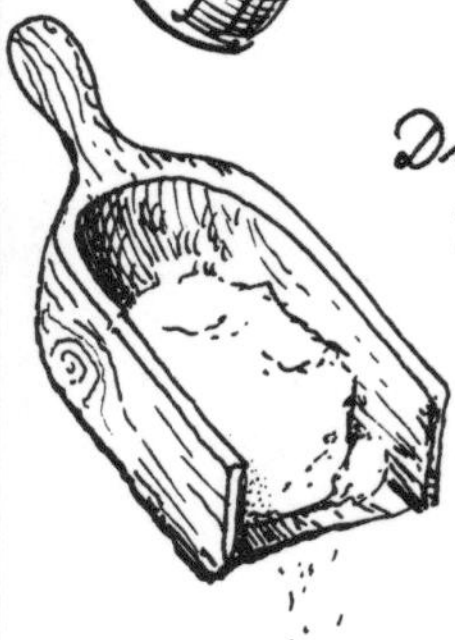

Die Wecken in lauwarme Milch oder Wasser einweichen, eine Weile ziehen lassen, ausdrücken und fein zerdrücken. Die feingeschnittenen Zwiebeln, Petersilie und Speckwürfel kurz und scharf anbraten, erkalten lassen und zusammen mit dem Hackfleisch, Eiern, Salz, Muskat und dem aufgetauten, abgetropften Spinat zu einer Farce vermischen.

Den ausgerollten Nudelteig auf den bemehlten Tisch auslegen, ca. 10 - 15 cm^2 große Vierecke ausstechen und am Rand mit Eiweiß bestreichen. Die Füllung zugeben und alles gut an den Rändern zusammendrücken.

Eine schnellere Methode Maultaschen zu füllen ist, den Nudelteig auf den gemehlten Tisch auslegen, die Fülle aufstreichen, den äußeren Teigrand mit Eiweiß bestreichen, den Nudelteig mit der Fülle zusammenrollen, am Rand zusammendrücken. Mit einem Kochlöffelstiel die Maultasche abdrücken, durchschneiden und in ein leicht kochendes Salzwasser geben und ca. 10 Min. ziehen lassen.

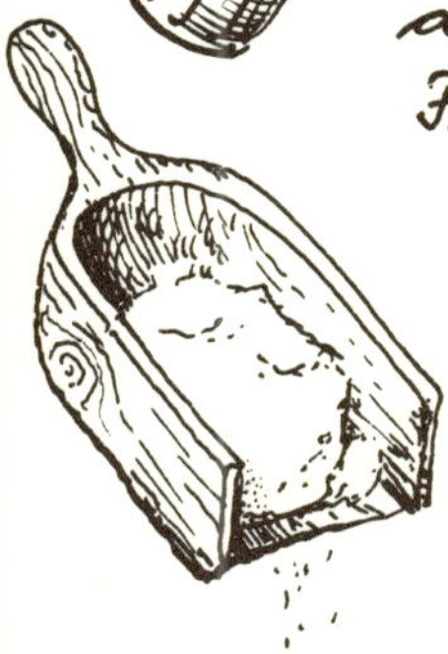

Maultascha in der Brühe

Man nehme – so man habe –, ist in alten Kochbüchern zu lesen, 6 zerkleinerte Rinderknochen, 2 – 3 Markknochen, eine gelbe Rübe, 1 Stck. Lauch und Sellerie und eine ungeschälte, halbierte, auf dem Herd angeröstete Zwiebel. Diese bringt eine goldgelbe Farbe in die Brühe. Das gesalzene Wasser zugeben, aufkochen und den Schaum abschöpfen, sonst wird die Brühe trüb. Auf leichter Flamme kochen lassen und nach ca 1 1/2 Std. noch mit Muskat verfeinern. Wer einen Schuß Maggi dazugibt, wird sicher von Feinschmeckern verachtet.

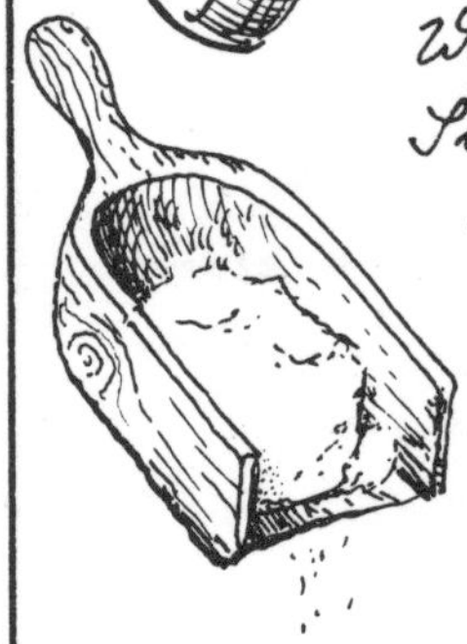

Um dem zu entgehen, kochen Sie einfach etwas Liebstöckl, auch Maggikraut genannt, mit. Die Maultaschen in der Kraftbrühe ca. 10 Min. ziehen lassen und servieren.

Viele Schwaben lieben es, wenn die Maultaschen mit in Butter gebräunten Zwiebeln abgeschmelzt werden. Danach kräftig mit Schnittlauch bestreuen.
Dazu gibt es Kartoffelsalat.

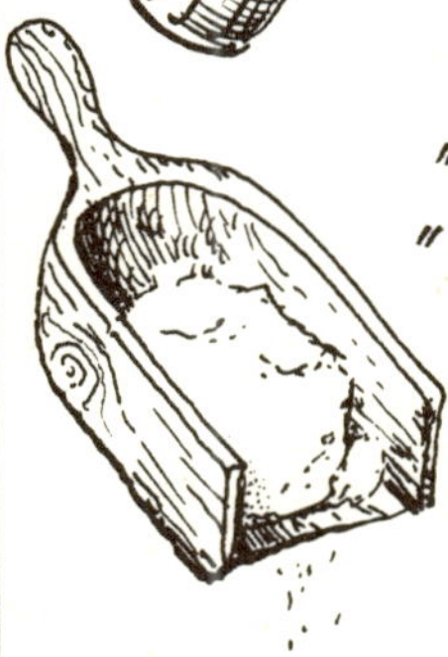

"Schmeckt's?" hot d' Bäure gfrogt.
"Grad neischtracka könnt' e", hot sell Baur gsait.
Ja, dann waren sie gut, denn ein größeres Lob ist hierzulande wohl nicht zu vergeben.

Maultascha geschmelzt auf Kartoffelsalat

1 kg Salatkartoffeln garkochen, schälen und mit der Hand in feine Scheiben schneiden. Die Kartoffeln dürfen dabei nicht kalt werden, da der Kartoffelsalat prinzipiell lauwarm serviert wird. Die Kartoffelscheiben mit Salz, Pfeffer, Essig, reichlich Öl, den feingewürfelten Zwiebeln, besonders appetitlich sehen dabei blaue Zwiebeln aus, und mit einem 1/4 l heißer Kraftbrühe vorsichtig vermischen. Beim Öl nicht sparen, damit der Salat schön sämig wird, er muß so richtig glänzen.

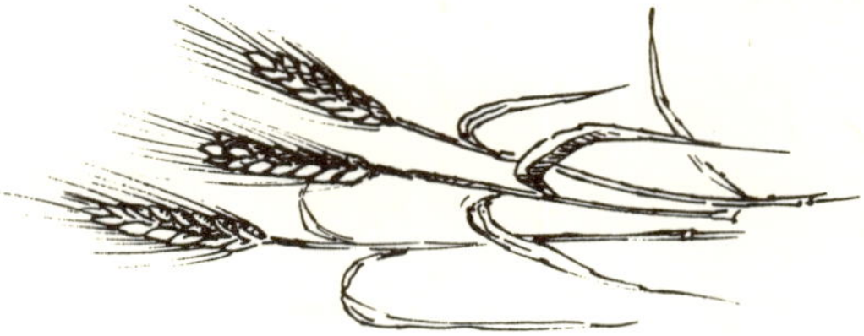

Der Kartoffelsalat sollte unbedingt noch 1 - 2 Std. an einem warmen Ort durchziehen. Vor dem Servieren nochmals abschmecken.

Die Maultaschen 10 - 15 Min. in der Brühe aufwärmen und portionsweise auf den Kartoffelsalat geben. Mit in Butter angebräunten Zwiebeln und Speckwürfeln abschmelzen. Auch hier die Soße nicht vergessen.

Sehr gut munden Maultaschen auch auf Sauerkraut angerichtet.

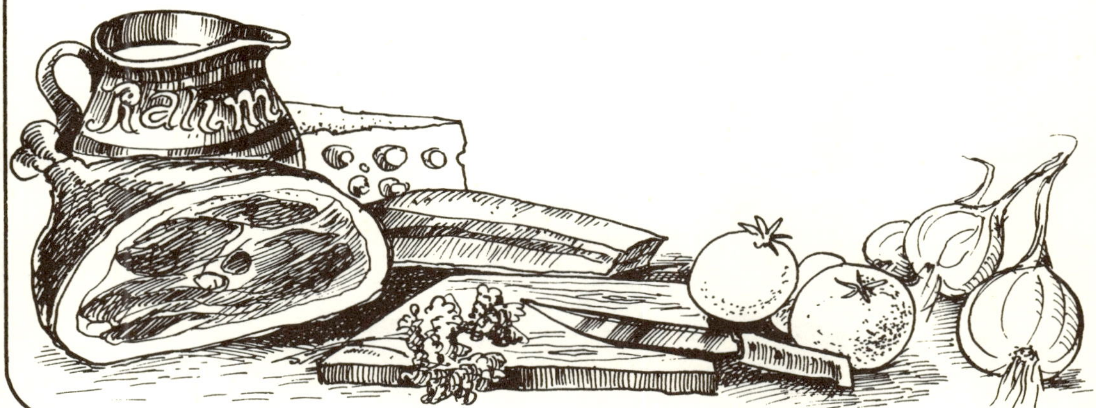

Maultascha geröstet

Die erkalteten Maultaschen in Scheiben schneiden. Für eine Portion rechnet man generell drei Stück. Die Maultaschenscheiben in einer Pfanne gut anrösten. Danach 1-2 Eier verkleppern und über die Maultaschen geben. Auf beiden Seiten goldgelb anbraten und mit einem gemischten Salat servieren.

Auch hier tun Sie einem Schwaben immer einen Gefallen, wenn Sie dazu etwas braune Soße dazugeben.

"Mauldascha send erscht guat, wenn mr gnuag Oier ond Budder naduad".

Maultascha mit Tomaten und Schinken

Die Maultaschen in der Brühe 10 - 15 Min. ziehen lassen. 1 Pfd. Tomaten, oben kreuzweise einritzen, kurz ins kochende Wasser halten und die Schale abziehen. In einer Kasserolle eine feingeschnittene Zwiebel mit Schinkenstreifen kurz anbraten, die in Würfel geschnittenen Tomaten dazugeben und mit Salz und Pfeffer würzen. Einige Minuten dünsten lassen. Die Maultaschen in eine feuerfeste Form geben und mit den Tomaten und Schinken übergießen. Wer will, kann noch etwas geriebenen Käse darüber streuen und das Ganze überbacken.

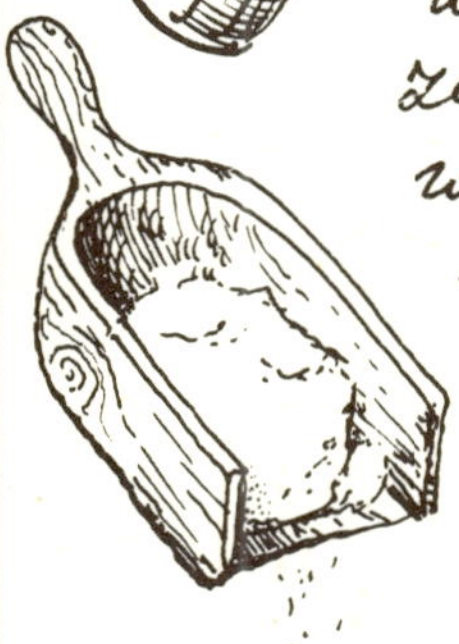

Dazu wird gemischter Salat und Brot serviert.

Grüne Maultascha

500 g Nudelteig vorbereiten. Siehe bei Nudeln.
400 g Blattspinat und Kräuter. Sie können auch halb Mangold und Spinat mischen.
1 Zwiebel, Semmelbrösel, Schmalz, Salz, Muskat, Pfeffer. (Im Frühjahr Brennnessel und Sauerampfer beimengen.)

Das Gemüse zusammen mit den Kräutern und Zwiebeln fein hacken und im Fett dünsten. Ist die Mischung zu naß, etwas Semmelbrösel dazugeben. Gut würzen. Auf 10 - 15 cm große Nudelstücke verteilen, die Ränder mit Eiweiß bestreichen und zusammendrücken, ca. 15 Min. in Salzwasser ziehen lassen. Ist es nicht als Fastenspeise oder als vegetarisches Gericht gedacht, können

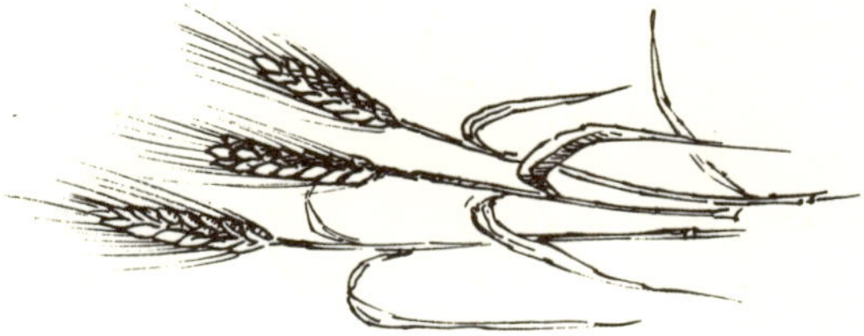

Sie noch ca. 150 g in Würfel geschnittenen und kurz angebratenen Speck in die Füllung geben.
Auf die gleiche Weise lassen sich übrigens die sogenannten Krauttaschen zubereiten.

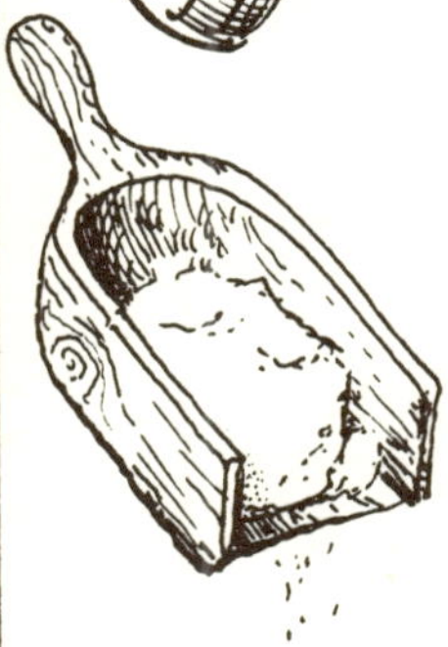

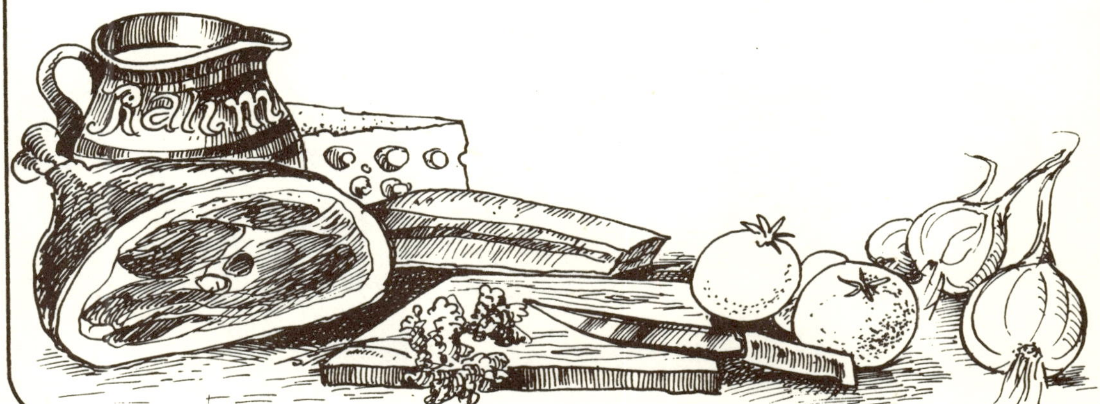

März
Keller
Abort

Je greßer d' Dampfnudel isch,
desto greßer d' Fraid,
weil a groß a Dampfnudel
besser ausgeit.

Dampfnudla mit ra Zwetschgabrüah
oder mit Kraut,
des isch a rara Koscht,
do wird neighaud.

Dampfnudla

Wenn es früher bei uns Dampfnudeln gab, war das für uns Kinder immer ein besonderer Freudentag. Und jedesmal gab es Streit wegen der Kruste, denn das war für uns Kinder das Beste. Mir läuft heute noch das Wasser im Munde zusammen. Dazu kochte unsere Mutter immer Vanillesoße, wobei sie geschlagenen Eischnee unter die Soße mischte, natürlich immer zuwenig. Leider werden die Dampfnudeln in unserer schnellebigen Zeit immer mehr zum Stiefkind unserer Küche. Aber das läßt sich ja ändern. Ihr Sohn oder Töchterlein wird es Ihnen bestimmt danken.

Wichtig bei der Dampfnudelzubereitung ist die Kachel oder Kasserolle. Am besten geeignet sind Kacheln aus Eisen. Früher hatten viele Küchen spezielle "Dampfnudelkacheln" zur Verfügung. Wichtig dabei ist, sie gut auszufetten. Der Deckel darf während der

Garzeit nicht abgenommen werden, sonst fallen Ihnen die Dampfnudeln zusammen.

"No hangad se dren wia Wettstoi!"

Schließt der Deckel nicht sauber ab, muß er mit einem feuchten Tuch abgedichtet werden. Das Ende der Garzeit ist genau festzustellen, wenn Sie das Ohr nahe der Kachel halten. Hören Sie ein leichtes Krachen, dann ist die Milch verdampft, die Kruste fertig und Zeit, die Kachel vom Herd zu nehmen.

Da man auf der Alb früher hauptsächlich von Mehlspeisen lebte, haben sich dort auch besondere Dampfnudelrezepte entwickelt, denn die Not ist der beste Koch.

So waren dort, die bei uns kaum noch bekannten Dampfnudeln in der "Schleifersbrüh" sehr beliebt. Man setzte dabei die Nudeln auf Kartoffel, Kraut oder – wenn man sie süß wollte – auf Obst. Leider gab es dabei keine Kruste.

Als Süßspeise waren die Dampfnudeln besonders geschätzt, denn Süßigkeiten waren rar. Beliebt waren auch die Rohrnudeln, die sich besonders gut zum "eibrocka" in den Kaffee eigneten. Eine heimliche Leidenschaft der Älbler.
Da der Schwabe bekanntlich ein Naß-esser ist, wurde zu den Dampfnudeln gerne kalte Milch serviert.

Dampfnudla in Zuckersoße

Den Teig wie im Grundrezept zubereiten, ausstechen und gehen lassen. Mittlerweile werden in die Kasserolle ca. 70 g Butter und die gleiche Menge Zucker getan und zusammen braun geschmelzt. Dann werden 2–3 Tassen heißes Wasser zugegeben, kurz aufgekocht und die Nudeln eingesetzt. Sie sollten hierbei nicht zu dicht gesetzt werden. Man läßt die Nudeln ca. 20 Min. garen, allerdings nicht bis zur Kruste einkochen lassen.
Die Nudeln mit Zuckersoße übergießen und mit Kompott servieren.

Dampfnudla

25 – 30 g Hefe, 1/8 – 1/4 l lauwarme Milch, 3 Eßl. Zucker, 500 g Mehl, 60 – 80 g Butter oder Margarine, 2 – 3 Eier, 1 Prise Salz.

Die Hefe mit etwas lauwarmer Milch und 1 Teel. Zucker auflösen und 10 Min. ruhen lassen. Danach das Mehl mit der aufgeweichten Butter oder Margarine, den Eiern, der restlichen Milch, Zucker und der angemachten Hefe gut vermengen und den Teig schlagen, bis er Blasen wirft und sich von der Schüssel löst.
Den Hefeteig mit einem Tuch zugedeckt an einem warmen Platz gehen lassen.
Danach den Teig 1,5 cm stark auswellen oder

drücken und mit einem Glas semmelgroße Nudeln ausstechen und nochmals gehen lassen. Eine Kachel gut ausfetten, 1 - 2 Tassen Milch oder Wasser zugießen und mit 1 Prise Salz zum Kochen bringen und die Nudeln einlegen. Die Kachel zudecken und bei schwacher Hitze die Nudeln aufziehen. Die Garzeit beträgt 15 - 20 Min.

Ist das Wasser bzw. die Milch verdampft, wird der Deckel rasch entfernt, so daß keine Wassertropfen auf die fertigen Dampfnudeln fallen. Die Dampfnudeln sollten sofort mit ihrer herrlichen Kruste serviert werden.

Dazu reicht man Vanillesoße oder Kompott.

Dampfnudla in der Schleifersbrüh

Den Teig zubereiten wie im Grundrezept.

Eine Kachel gut ausfetten und daumendick mit rohen Kartoffelscheiben bzw. -würfel auslegen. Salzen, mit 2 - 3 Tassen Milch oder Wasser auffüllen, aufkochen, die Nudeln einsetzen und ca. 25 - 30 Min. auf kleiner Flamme ziehen lassen.

Da die "Schleifersbrühe" in den Kartoffeln meistens nicht ausreicht, wurde - solange die Dampfnudeln garten - aus 1/4 l Wasser, Salz und einem guten Löffel Schmalz und Mehl eine Brühe zube-

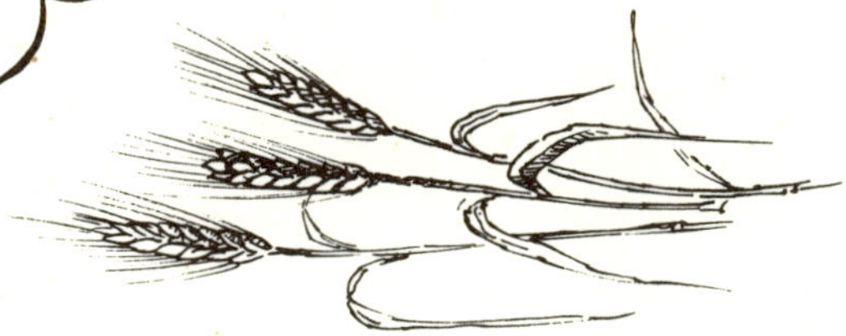

reitet, mit der die Kartoffeln nach Fertigstellung noch verdünnt wurden. Beliebt war, die Kartoffeln in der Schleifersbrühe mit angebräunten Zwiebeln und Speck abzuschmelzen.

Statt Kartoffeln wurde auch gerne Kraut mitgekocht. Dazu gab es saures Bohnengemüse bzw. Sauerkraut.

Dampfnudla mit Äpfel

Den Teig zubereiten wie im Grundrezept. 500 g Äpfel, 50 g Rosinen, 2 Eßl. geriebene Haselnüsse, 3 - 4 Eßl. Zucker.

Den Teig wie gehabt ausrollen oder drücken und die Nudeln ausstechen. Die geschälten Äpfel in kleine Stückchen schneiden. Die gewaschenen und abgetrockneten Rosinen mit den Haselnüssen und dem Zucker vermischen. Die Nudeln damit füllen, 1 Eßl. voll, und zugedeckt nochmals gehen lassen, und wie bei den Dampfnudeln fertig garen.

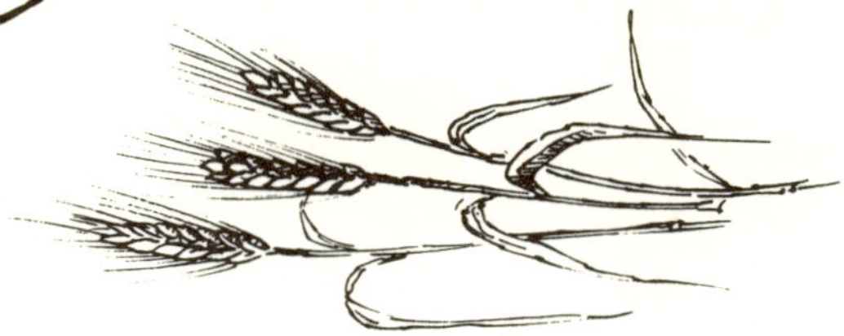

Anstelle der Äpfel können auch entsteinte Zwetschgen oder Kirschen verwendet werden.

Die Nudeln kann man auch im Ofen bei 200 Grad ca. 40 Minuten backen.

Quellenangaben:

Illustriertes Kochbuch 1897, von Löffler Bechtel's

Oekonomisches Handbuch für Frauenzimmer, F. L. Löfferlerin, 1795

Historisches Lindauer Kochbuch, 1894, Christine, Charlotte Riedl.

Neues Kochbuch für die gutbürgerliche und die feine Küche, von Luise Schäfer.

Kochen meine Freude, 1958

Rezepte aus der Klosterküche der Franziskanerinnen des Kreszentiaklosters Kaufbeuren.

Die Hungerjahre 1816/17 auf der Alb und an der Donau, Arbeitsgemeinschaft d. Heimatmuseen im Alb-Donau-Kreis, 1985

Zainingen, Das Dorf an der Hüle, von Frieder Mutschler, 1983

Von Amtsstuben, Backhäusern und Jahrmärkten, von Angelika Bischoff-Luithlen, 1979

Von Land und Leuten der Alb, von Angelika Bischoff-Luithlen 1958

Münsingen, Geschichte, Landschaft, Kultur, Thorbecke Verlag, 1982

Gepanscht, verbraten und verkauft, von Herbert Schäfer, 1986

Weiter sind im
Ruoss-Verlag, Ulm,
erschienen: